FUNÇÕES DA ADMINISTRAÇÃO PÚBLICA

SÉRIE ESTUDOS JURÍDICOS: DIREITO PÚBLICO

Safira Orçatto Merelles do Prado
Ricardo Kleine de Maria Sobrinho

Rua Clara Vendramin, 58 . Mossunguê . Cep 81200-170 . Curitiba . PR . Brasil
Fone: (41) 2106-4170 . www.intersaberes.com . editora@intersaberes.com

Conselho editorial Dr. Ivo José Both (presidente), Dr. Alexandre Coutinho Pagliarini, Drª Elena Godoy, Dr. Neri dos Santos, Dr. Ulf Gregor Baranow ▪ **Editora-chefe** Lindsay Azambuja ▪ **Gerente editorial** Ariadne Nunes Wenger ▪ **Assistente editorial** Daniela Viroli Pereira Pinto ▪ **Preparação de originais** Gilberto Girardello Filho ▪ **Edição de texto** Letra & Língua Ltda. – ME, Guilherme Conde Moura Pereira ▪ **Capa** Luana Machado Amaro ▪ **Projeto gráfico** Mayra Yoshizawa ▪ **Diagramação e *designer* responsável** Luana Machado Amaro ▪ **Iconografia** Regina Claudia Cruz Prestes

Dados Internacionais de Catalogação na Publicação (CIP)
(Câmara Brasileira do Livro, SP, Brasil)

Prado, Safira Orçatto Merelles do
 Funções da administração pública/Safira Orçatto Merelles do Prado, Ricardo Kleine de Maria Sobrinho. Curitiba: Editora Intersaberes, 2021. (Série Estudos Jurídicos: Direito Público)

 Bibliografia.
 ISBN 978-85-227-0341-8

1. Administração pública 2. Administração pública – Brasil 3. Direito administrativo 4. Poder executivo – Brasil 5. Poder legislativo – Brasil 6. Serviço público I. Sobrinho, Ricardo Kleine de Maria. II. Título. III. Série.

21-78548   CDU-35

Índices para catálogo sistemático:

1. Administração pública: Direito administrativo 35

Cibele Maria Dias – Bibliotecária – CRB-8/9427

1ª edição, 2021.

Foi feito o depósito legal.

Informamos que é de inteira responsabilidade dos autores a emissão de conceitos.

Nenhuma parte desta publicação poderá ser reproduzida por qualquer meio ou forma sem a prévia autorização da Editora InterSaberes.

A violação dos direitos autorais é crime estabelecido na Lei n. 9.610/1998 e punido pelo art. 184 do Código Penal.

Sumário

9 ▪ *Apresentação*

Parte I
13 ▪ **Serviço público**

Capítulo 1
15 ▪ **Definição de serviço público**
16 | Evolução da noção de serviço público com base na concepção de Estado e no modelo de gestão da Administração Pública
22 | Elementos que compõem a noção de serviço público

Capítulo 2
31 ▪ **Serviço público na Constituição de 1988**
33 | Competência legislativa
37 | Competência administrativa

Capítulo 3
43 ▪ **Regime jurídico dos serviços públicos**
44 | Princípios específicos dos serviços públicos
49 | Classificação doutrinária dos serviços públicos
51 | Formas de remuneração
53 | Regulação dos serviços públicos
59 | Usuário/consumidor de serviços públicos

Capítulo 4
69 ▪ **Formas de gestão do serviço público**
70 | Concessão de serviço público – Lei n. 8.987/1995
88 | Permissão e autorização de serviço público
93 | Consórcios públicos – Lei n. 11.107/2005
96 | Parcerias público-privadas – Lei n. 11.079/2004
99 | Parcerias com o terceiro setor

Capítulo 5
107 ▪ **Serviços públicos em espécie**
108 | Saúde
121 | Educação
130 | Energia elétrica
138 | Saneamento

Parte II
157 ▪ **Poder de polícia**

Capítulo 6
159 ▪ **Poder de polícia na Constituição de 1988**
160 | Conceito de poder de polícia
163 | Poder de polícia na Constituição de 1988: remuneração do Estado
172 | Competência legislativa
178 | Competência administrativa

Capítulo 7
185 ▪ **Formas de execução do poder de polícia**
    186 | Polícia administrativa
    192 | Polícia judiciária

Capítulo 8
199 ▪ **Regime jurídico do poder de polícia**
    200 | Autoexecutoriedade e coercibilidade
    204 | Limites do poder de polícia

Capítulo 9
211 ▪ **Delegação do poder de polícia**
    212 | Estado regulador e a nova face do poder de polícia
    213 | Entre os entes federativos
    216 | Para os particulares

Parte III
223 ▪ **Fomento estatal**

Capítulo 10
225 ▪ **Considerações introdutórias sobre fomento estatal**
    226 | Fomento como modalidade de intervenção no domínio econômico
    229 | Conceito de fomento
    231 | Características da atividade de fomento
    233 | Classificação

Capítulo 11
237 ▪ **Fomento na Constituição de 1988**
238 | Finalidade constitucional
245 | Competência legislativa
251 | Competência administrativa

Capítulo 12
255 ▪ **Instrumentos de implementação do fomento**
256 | Financiamento por bancos públicos
256 | Financiamento por bancos de desenvolvimento
260 | Financiamento por agências de fomento
264 | Incentivos tributários
276 | Regime diferenciado nas contratações públicas: fomento para micro e pequenas empresas
277 | Transferências de bens e recursos públicos

Capítulo 13
279 ▪ **Limites e controle da função administrativa de fomento**
280 | Igualdade material, impessoalidade e proporcionalidade
281 | Meios de controle

283 ▪ *Referências*
307 ▪ *Sobre os autores*

Apresentação

Na presente obra, que foi redigida a quatro mãos, apresentamos um recorte específico no campo da Administração Pública, com o intuito de complementar e aprofundar outro volume já editado nesta série dedicada aos cursos de graduação em Direito (intitulado *Introdução aos aspectos jurídicos da Administração Pública*, de autoria de Ricardo Kleine de Maria Sobrinho).

O recorte se dedica ao tema das funções da Administração Pública, as quais se referem ao conjunto de competências e atividades desenvolvidas de modo típico pelo Poder Executivo. Por intermédio das funções administrativas, concretizam-se as políticas públicas definidas pelo Poder Legislativo e que podem ser objeto de controle por parte do Poder Judiciário.

Para fins didáticos, delimitamos o estudo das funções da Administração Pública a partir de seus aspectos fundamentais, quais sejam: o serviço público, o poder de polícia e o fomento estatal. Em razão disso, dividimos a obra em três partes, a saber:

- Serviço público – redigida por Safira Prado, em que procuramos analisar a função mais debatida pela doutrina e que vem sendo objeto de transformações em razão da feição gerencial da Administração Pública. Nesta parte, examinamos a mutação da noção de serviço público, seu regime jurídico e as formas de delegação para a iniciativa privada e terceiro setor.

- Poder de polícia – redigida por Ricardo Kleine, na qual o regime jurídico dessa função, a possibilidade de delegação e a forma de controle foram os destaques, já que o referido tema voltou a ser debatido nos âmbitos acadêmico e judicial em razão das medidas restritivas decorrentes da pandemia de covid-19.

- Fomento estatal – a partir dessa função administrativa, foram realizados os eventos esportivos Copa do Mundo e Olimpíadas e que ainda hoje estão em pauta no âmbito do Poder Judiciário. Por isso, nesta parte, redigida por Ricardo Kleine, o regime jurídico, os instrumentos de implementação e as formas de controle do fomento estatal foram os pontos de análise.

Nosso intuito é que o leitor tenha uma compreensão mais aprofundada das funções da Administração Pública, com ênfase especial nas três atividades analisadas. Por isso, o material apresenta uma linguagem direta e de fácil apreensão. Além disso, procuramos utilizar gráficos ou esquemas que evidenciem, com a máxima didática, ideias e conceitos fundamentais para o claro e perfeito entendimento do tema da obra.

De posse de tais orientações, é hora de nos debruçarmos, definitivamente, sobre o estudo das funções da Administração Pública.

Parte I

Serviço público

Safira Orçatto Merelles do Prado

Capítulo 1

Definição de serviço público

O presente capítulo tem como objeto uma das mais importantes funções da Administração Pública: o serviço público. Partindo de sua origem e passando pela mutação de seu conceito, analisaremos a maneira como as formas de gestão da Administração Pública vêm interferindo na prestação dessa atividade, que tem por finalidade precípua a concretização de direitos fundamentais.

— 1.1 —
Evolução da noção de serviço público com base na concepção de Estado e no modelo de gestão da Administração Pública

A noção de serviço público surgiu primeiramente na França, no início do século passado, mais precisamente com os estudos da Escola Francesa de serviço público, cujos expoentes foram Leon Duguit e Gaston Jèze. Para o primeiro, a concepção de serviço público estava relacionada às necessidades da coletividade:

> é toda atividade cujo cumprimento deve ser regulado, assegurado e fiscalizado pelos governantes, por ser indispensável à realização e ao desenvolvimento da interdependência social, e de tal natureza que só possa ser assegurado plenamente pela intervenção da força governante [...]. Dizer que um serviço é um serviço público quer dizer que esse serviço é organizado pelos governantes, funcionando sob a sua intervenção

e devendo ter por eles assegurado o seu funcionamento sem interrupção. (Duguit, citado por Aragão, 2007, p. 82-83)

Alexandre Santos Aragão (2007) destaca o fato de que Duguit estabelece um conceito amplo de serviço público, englobando todas as atividades estatais, independentemente de serem exercidas sob um regime jurídico de direito público ou privado (Aragão, 2007).

Por sua vez, Gaston Jèze definiu o serviço público como uma decisão política do Estado, vinculando-o ao eixo central do direito administrativo (Marques Neto, 2019b). O referido teórico destacou-se por vincular a execução do serviço público a um regime jurídico de direito público, inclusive, apontando alguns critérios para definir quando esse regime jurídico será aplicado à atividade:

> (i) a existência de encargos ou prerrogativas especiais fixados nas leis para exercício desta atividade; (ii) a possibilidade assegurada no direito do prestador arrecadar preços compulsórios para custear os serviços; (iii) a instituição de monopólios para a atividade (restrição à liberdade de oferta ou de atuação naquele segmento de atividade); (iv) a dependência de uma decisão estatal (ou autorização) para iniciativa sobre o provimento do serviço. (Marques Neto, 2019b, p. 50)

Com base nesses apontamentos, Maurice Hauriou defendeu a tese de que, antes de se discutir a noção de serviço público, é necessário considerar a noção de prerrogativa pública, denominada por ele como *puissance publique*. Hauriou procurou identificar as atividades estatais a partir do poder de império, justificando que este seria um instrumental para a concretização do serviço público (Aragão, 2007).

Ainda no contexto francês, a noção de serviço público foi utilizada para determinar a competência para o julgamento de causas. Desse modo, se a demanda versasse sobre serviço público, a competência para o julgamento seria do Conselho de Estado Francês. Esse entendimento foi consolidado após o *arret Blanco*, em 1873, em que se passou a vincular a responsabilidade do Estado ao serviço público.

Com a Escola Francesa de serviço público, constata-se que a noção dessa atividade teve origem na concepção liberal de Estado. Contudo, até em seu país de origem, a identificação do serviço público passou a sofrer modificações ao longo do século XX. Após as duas Grandes Guerras e com a crise econômica em âmbito mundial, a noção de serviço público foi ampliada, seja para atender às necessidades dos cidadãos, seja como mecanismo de intervenção estatal na economia. Essa nova acepção de Estado foi, então, reconhecida como a de um ente prestador de atividades: "O Estado social caracteriza-se pela intervenção na economia, assumindo funções antes prestadas pela iniciativa privada. Na área social, passou a prestar serviços públicos de forma direta e, em sua concepção protecionista, a regulamentação aumentou continuamente" (Prado, 2021, p. 138).

Definição de serviço público

No Brasil, o Estado social fez uso da burocracia como modelo de gestão dos serviços públicos, mais precisamente com a criação do Departamento Administrativo de Serviço Público (Dasp), em 1938. O objetivo era reorganizar e racionalizar a prestação das atividades desempenhadas pelo setor público (Prado, 2021). Após a criação desse órgão, iniciou-se a implementação da descentralização administrativa, com a criação das mais diversas empresas estatais.

No entanto, foi com o Decreto-Lei n. 200, de 25 de fevereiro de 1967, ainda em vigor, que a descentralização administrativa atingiu o ápice, apresentando a seguinte configuração (Figura 1.1):

Figura 1.1 – Organização da Administração Pública nos termos do Decreto-Lei n. 200/1967

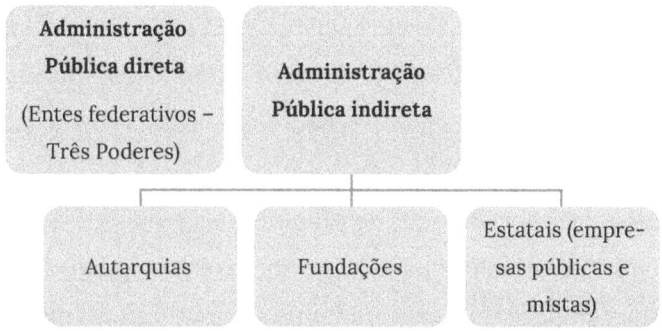

Fonte: Elaborado com base em Brasil, 1967.

Até o final da década de 1980, foram criadas mais de 360 empresas estatais somente no âmbito federal. Esse agigantamento do aparelhamento estatal, impulsionado pelas teorias neoliberais, serviu de fundamento para a reforma do Estado ante o déficit das contas públicas. Além das privatizações das estatais, assistiu-se a uma despublicização de atividades. A finalidade era propiciar que a iniciativa privada passasse a exercê-las sob a forma de atividade econômica em sentido estrito (Prado, 2021).

No Brasil, a reforma do Estado foi iniciada com a Lei n. 8.031/1990, marco legal do Programa Nacional de Desestatização. Após diversas alterações, a referida legislação foi substituída pela Lei n. 9.491/1997 (Prado, 2021).

O texto constitucional também foi alterado, com destaque para as Emendas Constitucionais n. 6, 8 e 9, todas de 1995. Tais emendas extinguiram o monopólio estatal do petróleo e das telecomunicações, abrindo tais setores para a iniciativa privada. Mas foi com a Emenda Constitucional n. 19/1998 que ocorreu a tentativa de implementação de uma nova forma de gestão da Administração Pública: o gerencialismo. O objetivo era dinamizar a atuação estatal a partir de um núcleo estratégico (atividades exclusivas de Estado), tendo como norte o princípio da eficiência (Prado, 2021).

Nesse modelo gerencial de Administração Pública, somente as atividades que correspondem ao núcleo estratégico e as exclusivas de Estado seriam executadas pela estrutura administrativa (atividade legislativa, atividade judicial e poder de polícia). Os serviços públicos de saúde e educação, por exemplo, seriam realizados pelo terceiro setor (serviços não exclusivos). A produção de bens e serviços seria "devolvida" para a iniciativa privada. E as atividades auxiliares (também denominadas *atividades "meio"*) seriam objeto de terceirização (Pereira, 1997).

Segundo esse modelo gerencial, a configuração da Administração Pública seria a seguinte (Figura 1.2):

Figura 1.2 – A organização da Administração Pública conforme o modelo de gestão gerencial

Setor estatal	Setor privado	Setor público não estatal
■ **Núcleo estratégico:** poderes Legislativo, Executivo e Judiciário; Ministério Público ■ **Atividades exclusivas:** poder de polícia, fomento e seguridade social	■ **Produção para o mercado:** serviço público mediante delegação e atividade econômica em sentido estrito ■ **Atividades auxiliares:** terceirização de atividades "meio" do setor estatal	■ **Serviços não exclusivos:** serviços públicos relacionados à educação, saúde e cultura, mediante parcerias

Desse modo, é possível constatar uma variação dos elementos que fazem parte da noção de serviço público com base na concepção de Estado e da forma de gestão da Administração Pública. Atualmente, atividades até então realizadas diretamente pelo Estado sob a égide do regime jurídico de direito público foram delegadas para entidades do terceiro setor ou estão sendo prestadas pela iniciativa privada como atividade econômica.

Como bem pontua Dinorá Adelaide Musetti Grotti (2003), a noção tradicional francesa de serviço público passou a se mostrar dissonante da realidade, em razão das mudanças sociais ocorridas no Estado pós-liberal. Por isso, os elementos que compõem a noção de serviço público sofreram alterações para atender às escolhas políticas do momento.

— 1.2 —
Elementos que compõem a noção de serviço público

O serviço público pode ser identificado basicamente por meio de três elementos: o material, por se tratar de uma prestação relacionada ao interesse social; o subjetivo, em razão de a titularidade pertencer ao Estado; e o formal, relativo à submissão ao regime jurídico de direito público.

— 1.2.1 —
Elemento material

Dos três elementos, a grande discussão é realmente a que versa sobre a delimitação das prestações materiais aptas a serem qualificadas como serviço público, ou seja, a respeito da identificação do substrato material.

Para Eros Roberto Grau (2010), a atividade só poderá ser considerada serviço público se estiver necessariamente vinculada a um interesse social. Desse modo, se apenas o interesse coletivo estiver presente, tratar-se-á de atividade econômica em sentido estrito (Figura 1.3).

Figura 1.3 – Serviço público como atividade econômica

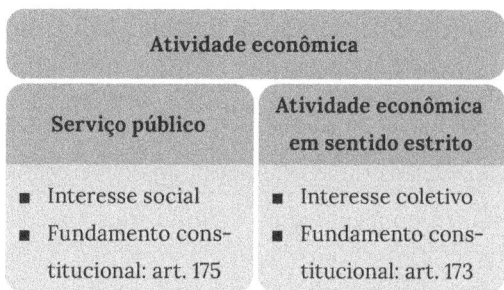

Por sua vez, Celso Antônio Bandeira de Mello (2017, p. 81) não atribui a conotação de atividade econômica ao seu conceito de serviço público:

> Serviço público é a atividade material que o Estado assume como pertinente a seus deveres em face da coletividade para satisfação de necessidades ou utilidades públicas singularmente fruíveis pelos administrados cujo desempenho entende que deva se efetuar sob a égide de um regime jurídico outorgador de prerrogativas capazes de assegurar a preponderância do interesse residente no serviço e de imposições necessárias para protegê-lo contra condutas comissivas ou omissivas de terceiros ou dele próprio gravosas a direitos ou interesses dos administrados em geral e dos usuários do serviço em particular.

Pedro Gonçalves (1999, p. 33, grifo do original) afirma que, a partir do momento em que o legislador define uma atividade como serviço público, necessariamente "as notas que materializam a ideia de serviço público já estão lá; isto é, a actividade em causa já é de interesse geral, já satisfaz certas necessidades colectivas básicas. Ou seja, *há um serviço público objectivo prévio ao serviço público subjectivo*".

Para Marçal Justen Filho (2016, p. 549), além da satisfação de necessidades coletivas, o serviço público deve necessariamente estar vinculado à concretização de um direito fundamental:

> Serviço Público é uma atividade pública administrativa de satisfação concreta de necessidades individuais ou transindividuais, materiais ou imateriais, vinculadas diretamente a um direito fundamental, insuscetíveis de satisfação adequada mediante mecanismos da livre iniciativa, destinada a pessoas indeterminadas, qualificada legislativamente e executada sob o regime de direito público.

Pelo fato de estar umbilicalmente relacionada à concretização de direitos fundamentais é que determinada atividade pode ser qualificada como serviço público. A consequência jurídica é que a titularidade dessa atividade será do Estado, sendo desenvolvida sob um regime jurídico de direito público. Portanto, o serviço só é público porque está relacionado à concretização de direitos fundamentais, e não porque a titularidade pertence ao Estado (Justen Filho, 2016).

Ademais, alinhamo-nos ao magistério de Adriana da Costa Ricardo Schier (2016) pela defesa do serviço público como garantia fundamental e como instrumento estatal para a redistribuição de riquezas e emancipação do cidadão a partir de uma vida digna. A escolha para definir o rol de atividades como materialmente vinculadas à dignidade humana e, por consequência, como instrumento de realização de direitos fundamentais é política. No caso do Brasil, a constituinte de 1988 realizou tais escolhas, que serão analisadas mais adiante.

— 1.2.2 —
Elemento formal

Gaston Jèze, realizando um contraponto ao posicionamento de Léon Duguit, defendeu a tese de que o serviço público não poderia ser definido apenas levando em consideração o atendimento das necessidades sociais, "mas também pela presença de um procedimento de direito público, identificando, assim, o que se convencionou chamar de regime jurídico específico do serviço público" (Schier, 2016, p. 48).

Como denota Joana Paula Batista (2005), esse regime jurídico também é aplicado a outras atividades desempenhadas pelo Estado, como é o caso do poder de polícia. Tal sistema está sedimentado em dois princípios, que, no caso do Brasil, são implícitos ao texto constitucional: a supremacia do interesse público e a indisponibilidade do interesse público.

Celso Antônio Bandeira de Mello (2015, p. 70) enumera as consequências da supremacia do interesse público nas relações entre Administração Pública e cidadão:

> a) posição privilegiada do órgão encarregado de zelar pelo interesse público e de exprimi-lo, nas relações com os particulares; b) posição de supremacia do órgão nas mesmas relações; c) restrições ou sujeições especiais no desempenho da atividade de natureza pública.

A supremacia do interesse público sobre o privado estabelece uma relação jurídica verticalizada, atribuindo determinados "poderes" à Administração Pública com vistas à consecução do interesse público. Em termos práticos, a partir desse princípio, a Administração Pública pode exigir a continuidade da prestação de um serviço público, ainda que esteja inadimplente em relação ao concessionário.

Por outro lado, a indisponibilidade do interesse público sujeita a Administração Pública à observância de diversas regras de cunho constitucional e legal. Isso porque, conforme o princípio da indisponibilidade, os interesses da coletividade não podem estar à livre disposição do administrador público. Daí a necessidade de observância dos mais diversos regramentos normativos.

Em síntese, o regime jurídico administrativo apresenta-se da seguinte forma (Figura 1.4):

Figura 1.4 – O regime jurídico da Administração Pública

Regime jurídico administrativo	
Supremacia do interesse público sobre o privado	**Indisponibilidade do interesse público**
■ Poderes/prerrogativas previstas em lei ■ Consequência: relação verticalizada entre Administração Pública e cidadão	■ Deveres/sujeições previstos na Constituição e na lei ■ Consequência: garantia dos direitos fundamentais do cidadão

Como consequência do regime jurídico administrativo, extrai-se a noção de função administrativa, que pode ser subsumida a partir do binômio poderes-deveres, devendo os poderes ser utilizados na exata medida para atender ao interesse público com a devida proporcionalidade. Aliás, a utilização desses poderes de forma proporcional é tão relevante que Celso Antônio Bandeira de Mello (2015, p. 73) inverteu o binômio para deveres-poderes: "Antes se qualificam e melhor se designam como 'deveres-poderes', pois nisto se ressalta sua índole própria e se atrai atenção para o aspecto subordinado do poder em relação ao dever, sobressaindo, então, o aspecto finalístico que as informa, do que decorrerão suas inerentes limitações".

Ao vincular esses "poderes" aos "deveres" presentes no ordenamento jurídico, a adoção do regime jurídico administrativo possibilita os controles jurisdicional e social da prestação do serviço público. Desse modo, o cidadão/usuário pode exigir o cumprimento dos regramentos constitucionais e legais aplicáveis à prestação, bem como a observância da licitação necessária para a contratação do concessionário até o valor da tarifa (Batista, 2005).

— 1.2.3 —
Elemento subjetivo

A escolha política de preconizar determinada prestação como instrumento de garantia de direitos vinculada à dignidade humana implica atribuir a titularidade dessa atividade ao Estado. Portanto, cabe ao Poder Público a responsabilidade por executar tal prestação.

Paulo Modesto (2005) indica que tal titularidade deve ser exclusiva para que se possa caracterizar uma atividade como serviço público. Para o autor, atividades de educação e saúde, por exemplo, não são serviço público, e sim serviços de relevância pública. Dessa forma, elas podem tanto ser exercidas pelo Estado quanto por pessoas privadas, submetendo-se a um regime jurídico variável, a depender do prestador.

Segundo Modesto (2005), ainda que tal regime jurídico seja variável, há obrigação, por parte do prestador, de fornecer a atividade de forma regular, módica, acessível e impessoal. Embora tais atividades sejam compatíveis com a iniciativa privada (não havendo delegação, mas apenas autorização), sujeitam-se à intensa fiscalização por parte do Poder Público.

Por sua vez, diferentemente dos outros autores citados, Grau (2010) classifica os serviços públicos em privativos e não privativos. Quanto aos primeiros, a titularidade é dos entes políticos, logo, há submissão ao regime jurídico de direito público. Com relação aos segundos, o regime jurídico aplicável é o de direito privado ao ser prestado por particulares. Entretanto, Grau (2010) passou a defender a tese de que, mesmo nos casos em que a iniciativa privada esteja prestando essas atividades, trata-se de serviço público. Nas palavras do autor: "há, portanto, serviço público mesmo nas hipóteses de prestação dos serviços de educação e saúde pelo setor privado" (Grau, 2010, p. 123).

Já Irene Patrícia Nohara (2020) afirma que nem todas as atividades prestadas pelo Estado podem ser consideradas serviço público. Da mesma forma, não é o fato de a iniciativa privada desenvolver a atividade que significa que esta deixa de ser serviço público.

Maria Sylvia Zanella Di Pietro acrescenta à identificação do serviço público esse substrato subjetivo, qual seja, de que o serviço público é de incumbência do Estado, sendo de sua responsabilidade também a gestão, a qual pode ocorrer de forma direta ou indireta (Nohara, 2020). Ao definir o serviço público como "toda atividade material que a lei atribui ao Estado para que a exerça diretamente ou por meio de seus delegados" (Di Pietro citada por Nohara, 2020, p. 135), a autora afirma que o regime jurídico de direito público pode ser derrogado.

Portanto, destacamos que o critério subjetivo não pode ser analisado de forma isolada para definir uma atividade como serviço público. Ainda que a atividade esteja sendo executada pela iniciativa privada, pode ser considerada como serviço público, com aplicação integral do regime jurídico administrativo. E mesmo atividades consideradas por determinação constitucional como serviços públicos podem ser desenvolvidas pela iniciativa privada como atividades econômicas, a exemplo da educação, da saúde e das telecomunicações.

Capítulo 2

Serviço público na Constituição de 1988

No Brasil, a doutrina se espelhou no ideário francês de serviço público, ao identificá-lo com base em duas concepções: o substrato material, relacionado à prestação de utilidade destinada à consecução do interesse social; e o substrato formal, referente ao regime jurídico de direito público. Adiciona-se, ainda, a titularidade estatal, que, no Brasil, foi definida pela Constituição de 1988.

A doutrina é majoritária[1] no sentido de interpretar esse rol constitucional como exemplificativo; ou seja, outras atividades podem ser consideradas serviço público por determinação legislativa. Entretanto, ao possibilitar que novas prestações venham a ser submetidas ao regime de direito público, o legislador encontra como limite "o interesse público, de acordo com os princípios e fundamentos do Estado Democrático de Direito, verificada a situação concreta, o momento histórico" (Batista, 2005, p. 32).

Nesses casos, a titularidade dessas atividades não pode ser exclusiva do Estado, "sob pena de invasão em esfera de atuação própria dos particulares, com mácula ao princípio da livre iniciativa" (Batista, 2005, p. 28). A discricionariedade legislativa é

---

1   Nesse aspecto, Dinorá Adelaide Musetti Grotti (2003, p. 105) sintetiza: "todos os autores citados reconhecem poderes ao legislador ordinário para estruturar dado serviço como público, mas que não há liberdade total para essa determinação. Discordam, contudo, quanto à identificação dos limites a serem impostos ao legislador infraconstitucional para a caracterização de um serviço como público. Para os formalistas esses limites decorrem do regime normativo, enquanto que os essencialistas atribuem a força a uma qualidade da própria atividade: sua natureza já indicaria que o serviço é público". Em sentido contrário, a autora menciona o magistério de Fernando Heren Aguillar, para quem a enumeração do rol de serviços públicos poderia ser ampliada por emenda constitucional ou pelo legislador, mas a partir de expressa autorização constitucional (Grotti, 2003).

reduzida, tendo em vista que a própria Constituição enumera diversas prestações como atividades econômicas de relevante interesse coletivo (Grotti, 2003).

Por ora, realizaremos a análise da repartição de competências em matéria constitucional sobre atividades consideradas como serviço público.

— 2.1 —
Competência legislativa

No texto constitucional, é possível identificar cinco espécies de competência legislativa: a privativa, a exclusiva, a residual, a concorrente e a bivalente.

A **União foi revestida de competência privativa**, possibilitando que referido ente federativo possa legislar sobre o extenso rol de matérias delineadas no art. 22 do texto constitucional. Ademais, por se tratar de competência privativa, a União pode delegá-la para os estados-membros de forma específica, por meio de lei complementar.

Com relação aos serviços públicos, a União pode legislar sobre o seguinte:

> Art. 22. Compete privativamente à União legislar sobre: [...]
>
> IV – águas, energia, informática, telecomunicações e radiodifusão;
>
> V – serviço postal; [...]

IX – diretrizes da política nacional de transportes;

X – regime dos portos, navegação lacustre, fluvial, marítima, aérea e aeroespacial;

XI – trânsito e transporte; [...]

XVIII – sistema estatístico, sistema cartográfico e de geologia nacionais; [...]

XXIII – seguridade social;

XXIV – diretrizes e bases da educação nacional;

XXV – registros públicos;

XXVI – atividades nucleares de qualquer natureza; [...]

Parágrafo único. Lei complementar poderá autorizar os Estados a legislar sobre questões específicas das matérias relacionadas neste artigo. (Brasil, 1988)

Já os **municípios detêm a competência exclusiva para legislar sobre interesse local**, nos termos do art. 30, inciso I[12]. Isso significa que somente os entes municipais, sem qualquer possibilidade de delegação, podem legislar sobre serviços públicos relacionados aos seus limites territoriais, como é o caso do transporte coletivo de passageiros.

---

2 "Art. 30. Compete aos Municípios: I–legislar sobre assuntos de interesse local; [...]" (Brasil, 1988).

Os **estados-membros também detêm competência exclusiva**, conforme o parágrafo 3º do art. 25[3]. Desse modo, podem criar regiões metropolitanas com o intuito de implementar a gestão de um serviço público de interesse regional. Além dessa competência exclusiva, os **estados detêm competência residual**[4], podendo legislar sobre serviços públicos que não estão no âmbito de atuação da União nem dos municípios. É o caso, por exemplo, do transporte intermunicipal de passageiros.

A **competência bivalente em matéria legislativa cabe ao Distrito Federal**, nos termos do parágrafo 1º do art. 32[5]. Nesses termos, o Distrito Federal pode legislar sobre os serviços públicos de competência estadual e municipal.

---

3 "Art. 25. Os Estados organizam-se e regem-se pelas Constituições e leis que adotarem, observados os princípios desta Constituição. [...] § 3º Os Estados poderão, mediante lei complementar, instituir regiões metropolitanas, aglomerações urbanas e microrregiões, constituídas por agrupamentos de municípios limítrofes, para integrar a organização, o planejamento e a execução de funções públicas de interesse comum" (Brasil, 1988).

4 Nos termos do parágrafo 1º do art. 25, que estabelece: "São reservadas aos Estados as competências que não lhes sejam vedadas por esta Constituição" (Brasil, 1988).

5 "Art. 32. O Distrito Federal, vedada sua divisão em Municípios, reger-se-á por lei orgânica, votada em dois turnos com interstício mínimo de dez dias, e aprovada por dois terços da Câmara Legislativa, que a promulgará, atendidos os princípios estabelecidos nesta Constituição. § 1º Ao Distrito Federal são atribuídas as competências legislativas reservadas aos Estados e Municípios" (Brasil, 1988).

Já a **competência concorrente do art. 24**[16] possibilita que a União, os estados-membros e o Distrito Federal legislem sobre as seguintes matérias que podem dar origem aos serviços públicos de:

- proteção ao patrimônio histórico, cultural, artístico, turístico e paisagístico;
- responsabilidade por danos ao meio ambiente, ao consumidor, a bens e direitos de valor artístico, estético, histórico, turístico e paisagístico;
- educação, cultura, ensino, desporto, ciência, tecnologia, pesquisa, desenvolvimento e inovação;
- previdência social, proteção e defesa da saúde;
- assistência jurídica e defensoria pública;
- proteção e integração social das pessoas portadoras de deficiência;
- proteção à infância e à juventude.

---

6   "Art. 24. Compete à União, aos Estados e ao Distrito Federal legislar concorrentemente sobre: [...] VI – florestas, caça, pesca, fauna, conservação da natureza, defesa do solo e dos recursos naturais, proteção do meio ambiente e controle da poluição; VII – proteção ao patrimônio histórico, cultural, artístico, turístico e paisagístico; VIII – responsabilidade por dano ao meio ambiente, ao consumidor, a bens e direitos de valor artístico, estético, histórico, turístico e paisagístico; IX – educação, cultura, ensino, desporto, ciência, tecnologia, pesquisa, desenvolvimento e inovação; [...] XII – previdência social, proteção e defesa da saúde; [...] XIV – proteção e integração social das pessoas portadoras de deficiência; XV – proteção à infância e à juventude; [...]" (Brasil, 1988).

Para que não ocorra conflito de normas a partir dessa competência concorrente, a constituinte estabeleceu algumas regras. A primeira[7] versa sobre a competência da União para estabelecer as normas gerais sobre as matérias delineadas no art. 24. Já os estados-membros podem suplementar[8] essas normas gerais, bem como legislar de forma plena[9] caso essa normatização geral não exista. E no caso de superveniência de normas gerais definidas pela União, a legislação estadual restará suspensa no que for contrária[10].

Por fim, cumpre destacar que os **municípios também detêm competência concorrente, em especial, a suplementar**, nos termos do inciso II do art. 30[11].

— 2.2 —
Competência administrativa

A competência administrativa está relacionada às funções da Administração Pública que são instrumentos para a execução da lei. Por vezes, as competências legislativa e administrativa

---

7   "§ 1º No âmbito da legislação concorrente, a competência da União limitar-se-á a estabelecer normas gerais" (Brasil, 1988).

8   "§ 2º A competência da União para legislar sobre normas gerais não exclui a competência suplementar dos Estados" (Brasil, 1988).

9   "§ 3º Inexistindo lei federal sobre normas gerais, os Estados exercerão a competência legislativa plena, para atender a suas peculiaridades" (Brasil, 1988).

10 "§ 4º A superveniência de lei federal sobre normas gerais suspende a eficácia da lei estadual, no que lhe for contrário" (Brasil, 1988).

11 "Art. 30. Compete aos Municípios: II - suplementar a legislação federal e a estadual no que couber;" (Brasil, 1988).

estão reservadas para o mesmo ente federativo, mas há exceções, como é o caso do serviço público de gás canalizado, cuja competência administrativa cabe ao Estado-membro, mas a competência para legislar é da União.

A competência administrativa pode ser comum ou paralela, quando realizada por mais de um ente da federação, e pode ser exclusiva, quando apenas um ente federativo detém o uso das funções administrativas como instrumentos para executar as políticas públicas constitucionais.

A **União detém a titularidade de modo exclusivo** dos seguintes serviços públicos, nos termos do art. 21[12]:

---

12 "Art. 21. Compete à União: [...] X – manter o serviço postal e o correio aéreo nacional; XI – explorar, diretamente ou mediante autorização, concessão ou permissão, os serviços de telecomunicações, nos termos da lei, que disporá sobre a organização dos serviços, a criação de um órgão regulador e outros aspectos institucionais; XII – explorar, diretamente ou mediante autorização, concessão ou permissão: a) os serviços de radiodifusão sonora, e de sons e imagens; b) os serviços e instalações de energia elétrica e o aproveitamento energético dos cursos de água, em articulação com os Estados onde se situam os potenciais hidroenergéticos; c) a navegação aérea, aeroespacial e a infraestrutura aeroportuária; d) os serviços de transporte ferroviário e aquaviário entre portos brasileiros e fronteiras nacionais, ou que transponham os limites de Estado ou Território; e) os serviços de transporte rodoviário interestadual e internacional de passageiros; f) os portos marítimos, fluviais e lacustres; [...] XV – organizar e manter os serviços oficiais de estatística, geografia, geologia e cartografia de âmbito nacional; [...] XVIII – planejar e promover a defesa permanente contra as calamidades públicas, especialmente as secas e as inundações; XIX – instituir sistema nacional de gerenciamento de recursos hídricos e definir critérios de outorga de direitos de seu uso; XX – instituir diretrizes para o desenvolvimento urbano, inclusive habitação, saneamento básico e transportes urbanos; [...] XXIII – explorar os serviços e instalações nucleares de qualquer natureza e exercer monopólio estatal sobre a pesquisa, a lavra, o enriquecimento e reprocessamento, a industrialização e o comércio de minérios nucleares e seus derivados, atendidos os seguintes princípios e condições: a) toda atividade nuclear em território nacional somente será admitida para fins pacíficos e mediante aprovação do Congresso Nacional; b) sob regime de permissão, são autorizadas a comercialização e a utilização de radioisótopos para a pesquisa e usos médicos, agrícolas e industriais; c) sob regime de permissão, são autorizadas a produção, comercialização e utilização de radioisótopos de meia-vida igual ou inferior a duas horas; d) a responsabilidade civil por danos nucleares independe da existência de culpa; [...]" (Brasil, 1988).

- serviço postal;
- telecomunicações;
- radiodifusão sonora e de sons e imagens;
- instalações de energia elétrica e aproveitamento energético dos cursos de água;
- navegação aérea, aeroespacial e infraestrutura aeroportuária;
- transporte ferroviário e aquaviário entre portos brasileiros e fronteiras nacionais;
- transporte rodoviário interestadual e internacional de passageiros;
- portos marítimos, fluviais e lacustres;
- serviços oficiais de estatística, geografia, geologia e cartografia de âmbito nacional;
- sistema nacional de gerenciamento de recursos hídricos e definir critérios de outorga de direitos de seu uso;
- serviços e instalações nucleares.

Os **estados-membros são titulares exclusivos do serviço público de gás canalizado**, podendo executá-lo diretamente ou por meio de concessão, nos termos do parágrafo 2º do art. 25[13].

---

13 "Art. 25. Os Estados organizam-se e regem-se pelas Constituições e leis que adotarem, observados os princípios desta Constituição. [...] § 2º Cabe aos Estados explorar diretamente, ou mediante concessão, os serviços locais de gás canalizado, na forma da lei, vedada a edição de medida provisória para a sua regulamentação. [...]" (Brasil, 1988).

Por sua vez, os **municípios**[14] detêm a competência exclusiva dos **serviços públicos de interesse local**, em especial, o transporte coletivo. De forma **comum**, os municípios prestam os serviços de saúde e educação. E podem fazer uso do serviço público para proteger o patrimônio histórico-cultural local.

Já o art. 23 do texto constitucional[15] estabelece as matérias que podem ser realizadas por meio de serviço público e de forma comum pela União, pelos estados-membros, bem como por municípios e Distrito Federal:

---

14 "Art. 30. Compete aos Municípios: [...] V - organizar e prestar, diretamente ou sob regime de concessão ou permissão, os serviços públicos de interesse local, incluído o de transporte coletivo, que tem caráter essencial; VI - manter, com a cooperação técnica e financeira da União e do Estado, programas de educação infantil e de ensino fundamental; VII - prestar, com a cooperação técnica e financeira da União e do Estado, serviços de atendimento à saúde da população; VIII - promover, no que couber, adequado ordenamento territorial, mediante planejamento e controle do uso, do parcelamento e da ocupação do solo urbano; IX - promover a proteção do patrimônio histórico--cultural local, observada a legislação e a ação fiscalizadora federal e estadual" (Brasil, 1988).

15 "Art. 23. É competência comum da União, dos Estados, do Distrito Federal e dos Municípios: I - zelar pela guarda da Constituição, das leis e das instituições democráticas e conservar o patrimônio público; II - cuidar da saúde e assistência pública, da proteção e garantia das pessoas portadoras de deficiência; III - proteger os documentos, as obras e outros bens de valor histórico, artístico e cultural, os monumentos, as paisagens naturais notáveis e os sítios arqueológicos; IV - impedir a evasão, a destruição e a descaracterização de obras de arte e de outros bens de valor histórico, artístico ou cultural; V - proporcionar os meios de acesso à cultura, à educação, à ciência, à tecnologia, à pesquisa e à inovação; VI - proteger o meio ambiente e combater a poluição em qualquer de suas formas; VII - preservar as florestas, a fauna e a flora; [...] IX - promover programas de construção de moradias e a melhoria das condições habitacionais e de saneamento básico; X - combater as causas da pobreza e os fatores de marginalização, promovendo a integração social dos setores desfavorecidos; XI - registrar, acompanhar e fiscalizar as concessões de direitos de pesquisa e exploração de recursos hídricos e minerais em seus territórios; XII - estabelecer e implantar política de educação para a segurança do trânsito" (Brasil, 1988).

- saúde;
- assistência social;
- bens de valor histórico, artístico e cultural, monumentos, paisagens naturais notáveis e sítios arqueológicos;
- meios de acesso à cultura, à educação, à ciência, à tecnologia, à pesquisa e à inovação;
- meio ambiente;
- programas de construção de moradias;
- saneamento básico;
- educação para a segurança do trânsito.

Para que todos os entes federativos realizem os serviços públicos necessários para efetivar o supramencionado artigo, em seu parágrafo único[16], a constituinte delegou ao legislador a tarefa de organizar a execução compartilhada dessas atividades por meio de lei complementar.

Com base nessa competência comum para materializar o direito à saúde, a Ordem dos Advogados do Brasil (OAB) ajuizou a Arguição de Descumprimento Fundamental n. 672 com o intuito de obrigar o governo federal a realizar as medidas necessárias com relação à pandemia de covid-19. O Supremo Tribunal Federal (STF) pronunciou-se no seguinte sentido:

> O Tribunal, por unanimidade, confirmou a medida cautelar e, no mérito, julgou parcialmente procedente a arguição de

---

16 "Artigo 23. [...] Parágrafo único. Leis complementares fixarão normas para a cooperação entre a União e os Estados, o Distrito Federal e os Municípios, tendo em vista o equilíbrio do desenvolvimento e do bem-estar em âmbito nacional" (Brasil, 1988).

descumprimento de preceito fundamental, para assegurar a efetiva observância dos artigos 23, II e IX; 24, XII; 30, II, e 198, todos da Constituição Federal na aplicação da Lei 13.979/20 e dispositivos conexos, reconhecendo e assegurando o exercício da competência concorrente dos Estados, Distrito Federal e Municípios, cada qual no exercício de suas atribuições e no âmbito de seus respectivos territórios, para a adoção ou manutenção de medidas restritivas legalmente permitidas durante a pandemia, tais como, a imposição de distanciamento/isolamento social, quarentena, suspensão de atividades de ensino, restrições de comércio, atividades culturais e à circulação de pessoas, entre outras, sem prejuízo da competência geral da União para estabelecer medidas restritivas em todo o território nacional, caso entenda necessário, ressaltando-se, como feito na concessão da medida liminar, que a validade formal e material de cada ato normativo específico estadual, distrital ou municipal poderá ser analisada individualmente, nos termos do voto do Relator. Falou, pelo requerente, a Dra. Claudia Paiva Carvalho. Plenário, Sessão Virtual de 2.10.2020 a 9.10.2020. (Brasil, 2020t)

Como se depreende do julgado, há necessidade de um verdadeiro trabalho em equipe para cumprir com os ditames do art. 23 do texto constitucional. Quanto às medidas de combate à pandemia, o STF reiterou a competência nacional da União para estabelecer medidas. Entretanto, estados-membros e municípios também detêm competência para executar medidas de combate à pandemia, de forma regionalizada e local, respectivamente.

Capítulo 3

*Regime jurídico
dos serviços públicos*

No presente capítulo, versaremos sobre o regime jurídico dos serviços públicos, tendo como ponto de partida os princípios aplicados a essa atividade e sua forma de remuneração.

— 3.1 —
Princípios específicos dos serviços públicos

Além dos princípios constitucionais do art. 37[1] e dos princípios enumerados na Lei n. 9.784, de 29 de janeiro de 1999[2] (Brasil, 1999b), a execução dos serviços públicos obedece a princípios

---

[1] "Art. 37. A administração pública direta e indireta de qualquer dos Poderes da União, dos Estados, do Distrito Federal e dos Municípios obedecerá aos princípios de legalidade, impessoalidade, moralidade, publicidade e eficiência [...]" (Brasil, 1988).

[2] "Art. 2º A Administração Pública obedecerá, dentre outros, aos princípios da legalidade, finalidade, motivação, razoabilidade, proporcionalidade, moralidade, ampla defesa, contraditório, segurança jurídica, interesse público e eficiência. Parágrafo único. Nos processos administrativos serão observados, entre outros, os critérios de: I - atuação conforme a lei e o Direito; II - atendimento a fins de interesse geral, vedada a renúncia total ou parcial de poderes ou competências, salvo autorização em lei; III - objetividade no atendimento do interesse público, vedada a promoção pessoal de agentes ou autoridades; IV - atuação segundo padrões éticos de probidade, decoro e boa-fé; V - divulgação oficial dos atos administrativos, ressalvadas as hipóteses de sigilo previstas na Constituição; VI - adequação entre meios e fins, vedada a imposição de obrigações, restrições e sanções em medida superior àquelas estritamente necessárias ao atendimento do interesse público; VII - indicação dos pressupostos de fato e de direito que determinarem a decisão; VIII - observância das formalidades essenciais à garantia dos direitos dos administrados; IX - adoção de formas simples, suficientes para propiciar adequado grau de certeza, segurança e respeito aos direitos dos administrados; X - garantia dos direitos à comunicação, à apresentação de alegações finais, à produção de provas e à interposição de recursos, nos processos de que possam resultar sanções e nas situações de litígio; XI - proibição de cobrança de despesas processuais, ressalvadas as previstas em lei; XII - impulsão, de ofício, do processo administrativo, sem prejuízo da atuação dos interessados; XIII - interpretação da norma administrativa da forma que melhor garanta o atendimento do fim público a que se dirige, vedada aplicação retroativa de nova interpretação" (Brasil, 1999b).

próprios, insculpidos na Lei n. 8.987, de 13 de fevereiro de 1995 (Brasil, 1995b).

— 3.1.1 —
Generalidade ou universalidade

A generalidade, como princípio, está expressamente prevista no parágrafo 1º do art. 6º da Lei n. 9.987/1995, momento em que o legislador define *serviço adequado* como "o que satisfaz as condições de regularidade, continuidade, eficiência, segurança, atualidade, generalidade, cortesia na sua prestação e modicidade das tarifas" (Brasil, 1995b).

Pela generalidade, a prestação de serviço público deve atingir o maior número de beneficiários. Nesse sentido, é preciso um esforço do ente federativo titular da atividade em promover as políticas públicas para que ocorra a universalização.

— 3.1.2 —
Igualdade entre os usuários

A igualdade é ditame constitucional, consubstanciado no *caput* do art. 5º, impondo ao prestador do serviço público o oferecimento dessa atividade sem qualquer discriminação.

Entretanto, como pondera Rafael Carvalho Rezende de Oliveira (2020), a igualdade deve estar alinhada à proporcionalidade, autorizando o tratamento diferenciado conforme as peculiaridades do usuário. O art. 13 da Lei n. 8.987/1995 é o fruto expressa tal interpretação: "As tarifas poderão ser diferenciadas em função das características técnicas e dos custos específicos provenientes do atendimento aos distintos segmentos de usuários" (Brasil, 1995b).

— 3.1.3 —
Modicidade das tarifas

No magistério de Marçal Justen Filho (2016, p. 566), *modicidade tarifária* "significa a menor tarifa possível, em vista dos custos necessários à oferta do serviço adequado". Tal princípio não impõe ao Estado o dever de cobrar pela remuneração em todos os casos de oferecimento da prestação de serviço público. A Constituição Federal de 1988 estabelece a gratuidade da saúde e da educação. Da mesma forma, o legislador infraconstitucional pode fazê-lo.

Sem dúvida, a modicidade tarifária é um dos desafios a serem vencidos em uma delegação de serviço público, já que o delegatário visa ao lucro quando realiza a atividade. Nesse sentido, Joana Paula Batista (2005) defende que o lucro do agente sofra limitação constitucional, uma vez que a atividade se relaciona à concretização de direitos fundamentais, tendo relação intrínseca com a necessidade de universalização dos serviços públicos.

— 3.1.4 —
Atualidade ou mutabilidade do regime jurídico

Nos termos do parágrafo 2º do art. 6º da Lei n. 8.987/1995, a "atualidade compreende a modernidade das técnicas, do equipamento e das instalações e a sua conservação, bem como a melhoria e expansão do serviço" (Brasil, 1995b).

Por tal princípio, depreende-se a necessidade de a Administração Pública atualizar a maneira como executa a prestação de serviços públicos, agregando avanços tecnológicos que podem afetar a relação jurídica entre ela e seus servidores (se o serviço é prestado diretamente) ou entre ela e seus agentes delegatários.

Como consequência, a atualidade restringe o princípio do direito adquirido nas relações jurídicas cujo objeto é serviço público, com a possibilidade, inclusive, de alteração unilateral do contrato por parte da Administração Pública (Oliveira, 2020).

— 3.1.5 —
Continuidade

Em razão de seu caráter essencial, por vezes associado a um direito fundamental, o serviço público não pode ser objeto de interrupções. Isso não significa que o serviço público deve ser prestado ao longo das 24 horas e todos os dias. Como ressalta Rafael Carvalho Rezende de Oliveira (2020, p. 243):

Na necessidade absoluta, o serviço deve ser prestado sem qualquer interrupção, uma vez que a população necessita, permanentemente, da disponibilidade do serviço (ex.: hospitais, distribuição de água etc.). Ao revés, na necessidade relativa, o serviço público pode ser prestado periodicamente, em dias e horários determinados pelo Poder Público, levando em consideração as necessidades intermitentes da população (ex.: biblioteca pública, museus, quadras esportivas etc.).

Ademais, no parágrafo 3º do art. 6º, a citada lei possibilita a interrupção do serviço público: "Não se caracteriza como descontinuidade do serviço a sua interrupção em situação de emergência ou após prévio aviso, quando: I – motivada por razões de ordem técnica ou de segurança das instalações; e, II – por inadimplemento do usuário, considerado o interesse da coletividade" (Brasil, 1995b).

Por fim, a Lei n. 14.015/2020 adicionou o parágrafo 4º ao art. 6º da Lei n. 8.987/1995, vedando que a interrupção realizada por inadimplemento do usuário "se inicie na sexta-feira, no sábado ou no domingo, bem como em feriado ou no dia anterior a feriado" (Brasil, 2020a).

— 3.2 —
Classificação doutrinária dos serviços públicos

O saudoso Hely Lopes Meirelles (2016, p. 418) definiu serviço público como "todo aquele prestado pela Administração ou por seus delegados, sob normas e controles estatais, para satisfazer necessidades essenciais ou secundárias da coletividade ou simples conveniências do Estado". A partir desse conceito, o autor elaborou uma classificação a respeito dessa função administrativa, conforme segue.

Quanto à essencialidade/delegabilidade:

- Serviços públicos propriamente ditos/próprios: não podem ser delegados em razão de sua essencialidade, devendo ser prestados diretamente pelo Estado. O autor cita como exemplos a segurança pública e a saúde. São serviços "pró-comunidade" (Meirelles, 2016, p. 420).

- Serviços de utilidade pública/impróprios: serviços cuja conveniência para o cidadão é reconhecida pela Administração Pública e que, por isso, podem ser delegados para a iniciativa privada, como é o caso do transporte coletivo. São serviços "pró-cidadão", pois facilitam a vida, embora não sejam essenciais como os próprios, na visão do autor (Meirelles, 2016, p. 420).

Quanto ao objeto:

- Serviços públicos administrativos: atendem às necessidades internas ou que servem como instrumentos para preparar as ações externas da Administração Pública, como a imprensa oficial, por exemplo (Meirelles, 2016).
- Serviços públicos industriais: serviços de utilidade pública, mas que são considerados como atividades econômicas. Em razão disso, são passíveis de delegação para a iniciativa privada, como é o caso da gestão de portos e aeroportos (Meirelles, 2016).

Quanto à determinação dos usuários:

- Serviços gerais ou *uti universi*: prestados à comunidade, atingindo um número indeterminado de cidadãos. São, portanto, usufruíveis de forma coletiva, como é o caso da limpeza pública (Meirelles, 2016).
- Serviços individuais ou *uti singuli*: é possível mensurar individualmente a utilização do serviço público, como é o caso do transporte coletivo e de energia elétrica (Meirelles, 2016).

Essa classificação relacionada à fruição – *universi/singuli* – é importante para definirmos a forma de remuneração do serviço público. É o que verificaremos na sequência.

— 3.3 —
Formas de remuneração

A maneira como o cidadão usufrui do serviço público impacta sua remuneração, tendo em vista o fato de que o Estado pode mantê-lo por meio de tributos ou, ao delegá-los para a iniciativa privada, transferir o ônus do pagamento ao usuário. Desse modo, o serviço público pode ser mantido pelos impostos, pelas taxas ou pelas tarifas. Basicamente, o posicionamento doutrinário sobre o tema se configura da seguinte forma (Figura 3.1):

Figura 3.1 – Formas de remuneração do serviço público

Uti universi – prestados diretamente pelo Poder Público	Uti singuli – prestados diretamente pelo Poder Público	Uti singuli – prestados por agentes delegados
▪ Imposto ▪ Tributo	▪ Taxa ▪ Tributo	▪ Tarifa ▪ Preço público

Entretanto, no âmbito jurisprudencial, o tema ainda é objeto de controvérsias, como é o caso da Repercussão Geral n. 903, cuja ementa até o momento é esta:

> a) Possibilidade de delegação, mediante contrato de concessão, do serviço de coleta e remoção de resíduos domiciliares;
> b) Natureza jurídica da remuneração do serviço de coleta e remoção de resíduos domiciliares prestado por concessionária, no que diz respeito à essencialidade e à compulsoriedade. (Brasil, 2021l)

O Recurso Extraordinário n. 847.429, que serve de *leading case* para a supramencionada repercussão geral, ainda está pendente de julgamento. A discussão versa sobre a natureza jurídica da contraprestação do serviço público (taxa ou tarifa) a partir de contrato de concessão do serviço de coleta e remoção de resíduos domiciliares.

É importante destacar que o Supremo Tribunal Federal (STF), também em sede de repercussão geral, já decidiu a respeito da remuneração do serviço de iluminação pública:

> CONSTITUCIONAL. TRIBUTÁRIO. RE INTERPOSTO CONTRA DECISÃO PROFERIDA EM AÇÃO DIRETA DE INCONSTITUCIONALIDADE ESTADUAL. CONTRIBUIÇÃO PARA O CUSTEIO DO SERVIÇO DE ILUMINAÇÃO PÚBLICA-COSIP. ART. 149-A DA CONSTITUIÇÃO FEDERAL. LEI COMPLEMENTAR 7/2002, DO MUNICÍPIO DE SÃO JOSÉ, SANTA CATARINA. COBRANÇA REALIZADA NA FATURA DE ENERGIA ELÉTRICA. UNIVERSO DE CONTRIBUINTES QUE NÃO COINCIDE COM O DE BENEFICIÁRIOS DO SERVIÇO. BASE DE CÁLCULO QUE LEVA EM CONSIDERAÇÃO O CUSTO DA ILUMINAÇÃO PÚBLICA E O CONSUMO DE ENERGIA. PROGRESSIVIDADE DA ALÍQUOTA QUE EXPRESSA O RATEIO DAS DESPESAS INCORRIDAS PELO MUNICÍPIO. OFENSA AOS PRINCÍPIOS DA ISONOMIA E DA CAPACIDADE CONTRIBUTIVA. INOCORRÊNCIA. EXAÇÃO QUE RESPEITA OS PRINCÍPIOS DA RAZOABILIDADE E PROPORCIONALIDADE. RECURSO EXTRAORDINÁRIO IMPROVIDO. I – Lei que restringe os contribuintes da COSIP aos consumidores de energia elétrica do município não ofende o princípio da isonomia, ante a impossibilidade de se identificar

e tributar todos os beneficiários do serviço de iluminação pública. II - A progressividade da alíquota, que resulta do rateio do custo da iluminação pública entre os consumidores de energia elétrica, não afronta o princípio da capacidade contributiva. III - Tributo de caráter sui generis, que não se confunde com um imposto, porque sua receita se destina a finalidade específica, nem com uma taxa, por não exigir a contraprestação individualizada de um serviço ao contribuinte. IV - Exação que, ademais, se amolda aos princípios da razoabilidade e da proporcionalidade. V - Recurso extraordinário conhecido e improvido. (Brasil, 2009d)

Ao fixar a tese da Repercussão Geral n. 44, o STF entendeu que é constitucional a instituição de contribuição para custeio a fim de manter a iluminação pública, espécie tributária diversa do imposto. Ademais, definiu que "o serviço de iluminação pública não pode ser remunerado mediante taxa" (Brasil, 2009d), por se tratar de utilidade usufruível de modo geral.

— 3.4 —
Regulação dos serviços públicos

Seguindo uma tendência mundial, o Brasil começou a implementar, em meados da década de 1990, um novo modelo de Estado: o regulador, desvinculando-se da burocratização do monopólio estatal, resquício de modelos interventores de que são exemplos os governos de Getúlio Vargas e o regime militar.

Um dos principais instrumentos para a implementação da Reforma do Estado foi a privatização das empresas estatais. Assim, a prestação de serviços públicos e o desempenho de atividades econômicas até então monopolizadas pelo Estado passaram para a iniciativa privada. Ao Estado, coube a reformulação de seu papel, no sentido de regular as atividades que até há pouco tempo desempenhava diretamente, conforme o art. 174 da Constituição: "como agente normativo e regulador da atividade econômica, o Estado exercerá, na forma da lei, as funções de fiscalização, incentivo e planejamento, sendo este determinante para o setor público e indicativo para o setor privado" (Brasil, 1988).

Marcos Juruena Vilella Souto (1999), fazendo uso do magistério de Vital Moreira, afirma que a função de regulação consiste em estabelecer e implementar regras para a atividade econômica, destinadas a garantir seu funcionamento equilibrado, de acordo com determinados objetivos políticos. Por conseguinte, o processo de regulação pode ser sintetizado nos seguintes termos:

> formulação das orientações da regulação; definição e operacionalização das regras (como leis, regulamentos, códigos de conduta); implementação e aplicação das regras (autorizações, licenças, injunções, e, no Brasil, cite-se, ainda, as concessões); controle da aplicação das regras; sancionamento dos transgressores; decisão de recursos. Tendo poderes normativos, executivos e para-judiciais, a regulação deve ficar a cargo de comissões reguladoras independentes. (Souto, 1999, p. 131)

Nesse contexto, surgem as **agências reguladoras**, as quais podem ser definidas como autarquias integrantes da Administração Pública indireta, dotadas com um grau de autonomia maior do que as autarquias tradicionais, com patrimônio próprio e competências definidas em lei.

As agências reguladoras exercem simultaneamente as funções normativa, administrativa e arbitral. A função **normativa** da agência reguladora deve encontrar limitação na lei que a criou. Portanto, a normatização deve ocorrer por meio de regulamentos, com base nos poderes atribuídos ao ente regulador.

Hely Lopes Meirelles (2016, p. 453-454, grifo do original), sobre o poder normativo das agências reguladoras, aduziu o seguinte:

> Tem-se debatido sobre o poder normativo conferido às *agências*. Esse poder normativo há de se cingir aos termos de suas leis instituidoras, aos preceitos legais e decretos regulamentares expedidos pelo Executivo. Suas funções normativas estão absolutamente subordinadas à lei formal e aos referidos decretos regulamentares. Assim, o poder outorgado às agências neste campo, visa a atender à necessidade de uma normatividade essencialmente técnica, com um mínimo de influência política.

Já a função **administrativa** dos entes reguladores se caracteriza pelo poder de fiscalização, de forma preventiva ou repressiva, devendo a atividade estar delineada no diploma legal que criou a agência. Assim, o referido ente tem o condão de exigir condutas tanto das empresas prestadoras quanto dos usuários, desde que previamente estabelecidas em lei.

Por fim, a função **arbitral** das agências refere-se à possibilidade de resolução de conflitos. Essa função deve ser implementada por meio de processo administrativo em que sejam garantidos o contraditório, a ampla defesa e a motivação das decisões. Será cabível recurso se o órgão que proferiu o julgamento não for o de mais elevada hierarquia na agência. Nessa última hipótese, admite-se um pedido de reconsideração. Todavia, vale lembrar que qualquer decisão tomada por uma agência reguladora pode ser revista judicialmente, por se tratar de ato administrativo (Justen Filho, 2002).

As agências reguladoras foram criadas com a finalidade de regular, fiscalizar e mediar conflitos de interesses dos setores desestatizados. Inicialmente, no âmbito federal, foram constituídas as seguintes agências:

- Agência Nacional do Petróleo (ANP) – Lei n. 9.478/1997;
- Agência Nacional de Telecomunicações (Anatel) – Lei n. 9.472/1997;
- Agência Nacional de Energia Elétrica (ANEEL) – Lei n. 9.427/1996.

Posteriormente a estas, foram criadas:

- Agência Nacional de Vigilância Sanitária (Anvisa) – Lei n. 9.782/1999;

- Agência Nacional de Saúde (ANS) – Lei n. 9.961/2000;
- Agência Nacional de Águas (ANA) – Lei n. 9.984/2000;
- Agência Nacional de Transportes Terrestres (ANTT) – Lei n. 10.233/2001;
- Agência Nacional de Transportes Aquaviários (Antaq) – Lei n. 10.233/2001;
- Agência Nacional do Cinema (Ancine) – MP n. 2.228-1/2001.

Praticamente em todos os estados brasileiros foram criadas agências que visam, da mesma forma que as nacionais, regular serviços delegados. Além de suas funções específicas, as agências estaduais podem firmar convênios com as agências nacionais, com o escopo de realizar os serviços de regulação dentro de seu território.

No Estado do Paraná, foi criada a Agência Reguladora de Serviços Públicos Delegados de Infraestrutura do Paraná (Agepar) – Lei Complementar n. 94/2002. Inicialmente, a competência da agência era regular a concessão das rodovias paranaenses. Na sequência, a competência foi ampliada para abarcar o abastecimento de água potável, esgotamento sanitário, limpeza urbana, manejo de resíduos sólidos, drenagem e manejo de águas pluviais urbanas – Lei Complementar n. 202/2016. E no ano seguinte, com a Lei Complementar n. 205/2017, a Agepar passou a regular o serviço de gás canalizado.

No âmbito jurisprudencial, o papel das agências reguladoras foi reafirmado, inclusive as de âmbito estadual:

> AÇÃO DIRETA DE INCONSTITUCIONALIDADE. CRIAÇÃO DA AGÊNCIA ESTADUAL DE REGULAÇÃO DOS SERVIÇOS PÚBLICOS DO RIO GRANDE DO SUL – AGERGS. AUSÊNCIA DE AFRONTA À AUTONOMIA DO CHEFE DO PODER EXECUTIVO OU DE USURPAÇÃO DE COMPETÊNCIA DA UNIÃO. LEGITIMIDADE PARA ATUAR NA ÁREA DE SANEAMENTO BÁSICO. COMPETÊNCIA COMUM ENTRE UNIÃO, ESTADOS E MUNICÍPIOS. COMPETÊNCIA REGULADORA DE NATUREZA TÉCNICO-ADMINISTRATIVA. PRECEDENTES. AÇÃO DIRETA DE INCONSTITUCIONALIDADE JULGADA IMPROCEDENTE. 1. A atuação da Agência Estadual de Regulação dos Serviços Públicos do Rio Grande do Sul – AGERGS não se opõe à autonomia do Chefe do Poder Executivo (inc. II do art. 84 da Constituição da República). Não lhe incumbe atuar na conformação de políticas de governo, mas prevenir e arbitrar, conforme a lei e os contratos, os conflitos de interesses entre concessionários e usuários ou entre aqueles e o Poder concedente. 2. É da essência da regulação setorial a autonomia das agências para a definição dos valores de tarifas, observados os termos e a juridicidade do contrato subjacente. Precedentes. 3. Ação direta de inconstitucionalidade julgada improcedente. (Brasil, 2019e)

Por fim, cumpre destacar que os municípios também detêm competência regulatória com relação aos serviços públicos de interesse local e os de competência comum, podendo desempenhar essa regulação de forma direta ou por meio de autarquia criada para tal finalidade.

— 3.5 —
Usuário/consumidor de serviços públicos

Nesta seção, analisaremos o regime jurídico de proteção do usuário/consumidor de serviços públicos, tendo como fundamento o texto constitucional e o Código de Defesa do Consumidor. Na sequência, abordaremos o Código de Defesa do Usuário de Serviço Público.

— 3.5.1 —
Proteção constitucional e aplicação do Código de Defesa do Consumidor

A Lei fundamental de 1988 prescreveu, no parágrafo 6º de seu art. 37, o seguinte enunciado: "As pessoas jurídicas de direito público e as de direito privado prestadoras de serviços públicos responderão pelos danos que seus agentes, nessa qualidade, causarem a terceiros, assegurado o direito de regresso contra o responsável nos casos de dolo ou culpa" (Brasil, 1988).

Por isso, a pessoa jurídica que prestar serviço público, seja por meio da personalidade jurídica de direito público, seja por intermédio da personalidade de direito privado, responderá de forma objetiva pelos atos causados aos usuários. Isso significa que o texto constitucional protege o usuário de serviços públicos de eventual dano decorrente da realização dessa atividade. E a busca da reparação, objetivamente, ocorre a partir da comprovação do nexo de causalidade entre a conduta praticada pelo agente estatal ou por quem está agindo em nome do Estado e o dano ocasionado.

Aliada à responsabilidade objetiva, do texto constitucional é possível extrair a aplicação da teoria do risco administrativo, a qual possibilita que o Estado ou seu agente delegatário demonstre a culpa exclusiva da vítima, a culpa de terceiro ou força maior, com o intuito de se eximir do dever de indenizar[13].

Por sua vez, o Código de Defesa do Consumidor (CDC) estabelece, em seu art. 22:

> Art. 22. Os órgãos públicos, por si ou suas empresas, concessionárias, permissionárias ou sob qualquer outra forma de empreendimento, são obrigados a fornecer serviços adequados, eficientes, seguros e, quanto aos essenciais, contínuos.
>
> Parágrafo único. Nos casos de descumprimento, total ou parcial, das obrigações referidas neste artigo, serão as pessoas jurídicas compelidas a cumpri-las e a reparar os danos causados, na forma prevista neste código. (Brasil, 1990a)

Como bem aponta Rizatto Nunes (2020, p.149), a legislação consumerista, de forma expressa, incluiu todos os prestadores de serviços públicos na categoria de fornecedor, definida no art. 3º nos seguintes termos:

---

3   Para aprofundamento, consulte a obra de Maria Sobrinho (2020, p. 238-ss.).

Fornecedor é toda pessoa física ou jurídica, pública ou privada, nacional ou estrangeira, bem como os entes despersonalizados, que desenvolvem atividade de produção, montagem, criação, construção, transformação, importação, exportação, distribuição ou comercialização de produtos ou prestação de serviços. (Brasil, 1990a)

Ainda assim, há um amplo debate a respeito da aplicação do CDC, em especial no que se refere aos serviços *uti universi*, remunerados por impostos. Rafael de Carvalho Rezende Oliveira (2020, p. 250) sintetiza com maestria o debate:

> 1.º entendimento (tese ampliativa): todos os serviços públicos submetem-se ao CDC, que menciona os serviços públicos sem qualquer distinção, bem como pelo fato de que todos os serviços públicos seriam remunerados, ainda que genericamente por impostos. Nesse sentido: Marcos Juruena Villela Souto e Antônio Herman de Vascocellos e Benjamim.
>
> 2.º entendimento (tese intermediária): o CDC deve ser aplicado aos serviços públicos *uti singuli*, que são remunerados individualmente pelos usuários-consumidores (taxa ou tarifa), em conformidade com o art. 3.º, § 2.º, do CDC, excluídos, portanto, os serviços públicos *uti universi*. Nesse sentido: Claudia Lima Marques e Dinorá Adelaide Musetti Grotti.
>
> 3.º entendimento (tese restritiva): o CDC incide apenas sobre os serviços individuais, remunerados por tarifas, excluídos da sua aplicação os serviços *uti universi* e os serviços individuais remuneradas por taxa. Essa é a tese sustentamos em obra sobre o tema.

No âmbito jurisprudencial, o Superior Tribunal de Justiça (STJ) vem se manifestando neste sentido:

> PROCESSUAL CIVIL E ADMINISTRATIVO. AGRAVO REGIMENTAL NO RECURSO ESPECIAL. RESPONSABILIDADE CIVIL DO ESTADO. AUSÊNCIA DE PREQUESTIONAMENTO. SÚMULA 211/STJ. AUSÊNCIA DE INDICAÇÃO DOS DISPOSITIVOS TIDOS POR VIOLADOS. SÚMULA 284/STF. SAÚDE. SERVIÇO PÚBLICO. INEXISTÊNCIA DE REMUNERAÇÃO DIRETA. RELAÇÃO DE CONSUMO NÃO CONFIGURADA. [...] 3. As Turmas de Direito Público que integram esta Corte já se manifestaram no sentido de inexiste qualquer tipo de remuneração direta no serviço de saúde prestado por hospital público, posto que seu custeio ocorre por meio de receitas tributárias, de modo que não há falar em relação consumerista ou aplicação das regras do Código de Defesa do Consumidor à hipótese. 4. Nesse sentido: REsp 1187456/RJ, 2ª Turma, Rel. Ministro Castro Meira, DJe 1º/12/2010; REsp 493.181/SP, 1ª Turma, Rel. Ministra Denise Arruda, DJ 1º/2/2006. 5. Agravo regimental não provido. (Brasil, 2014b)

Como se depreende da análise do julgado supramencionado, o STJ vem afastando a tese ampliativa ao excluir do âmbito das relações consumeristas os serviços prestados *uti universi*, por falta de remuneração direta. No entanto, com relação aos serviços *uti singuli*, remunerados por tarifa[14], o regime jurídico de proteção do consumidor aplica-se ao usuário de serviço público de forma integral, com destaque para o reconhecimento da hipossuficiência e inversão do ônus da prova[15].

E assim como decorre da proteção constitucional, nos termos do art. 14 do CDC, o fornecedor de serviço público responde de forma objetiva, podendo eximir-se de ser responsabilizado desde que demonstre que, tendo prestado o serviço, o defeito inexiste ou, ainda, que a culpa é exclusiva do consumidor ou de terceiros.

---

4   Nesse sentido, o STJ assim se manifestou: "CONSUMIDOR E PROCESSUAL CIVIL. CONSÓRCIO DE EMPRESAS DE TRANSPORTE COLETIVO. PRESTAÇÃO INADEQUADA DO SERVIÇO PÚBLICO. VIOLAÇÃO AOS ARTIGOS 1.022 E 489 DO CÓDIGO DE PROCESSO CIVIL. INEXISTÊNCIA. AUSÊNCIA DE PREQUESTIONAMENTO. SÚMULA 211 DO STJ. ILEGITIMIDADE PASSIVA. INTERPRETAÇÃO DE CLÁUSULAS CONTRATUAIS. REEXAME DO ARCABOUÇO FÁTICO-PROBATÓRIO. VEDAÇÃO. SÚMULAS 5 E 7/STJ. RELAÇÃO DE CONSUMO. SOLIDARIEDADE ENTRE AS CONSORCIADAS. ARTIGO 28, § 3º, DO CÓDIGO DE DEFESA DO CONSUMIDOR. [...] 8. Na hipótese de responsabilidade derivada de relação de consumo, afasta-se a regra geral da ausência de solidariedade entre as consorciadas por força da disposição expressa contida no art. 28, § 3º, do CDC. Essa exceção em matéria consumerista justifica-se pela necessidade de se atribuir máxima proteção ao consumidor, mediante o alargamento da base patrimonial hábil a suportar a indenização. 9. Não obstante, é certo que, por se tratar de exceção à regra geral, a previsão de solidariedade contida no art. 28, § 3º, do CDC deve ser interpretada restritivamente, de maneira a abarcar apenas as obrigações resultantes do objeto do consórcio, e não quaisquer obrigações assumidas pelas consorciadas em suas atividades empresariais. 10. Recurso Especial parcialmente conhecido, somente com relação à preliminar de violação dos arts. 489 e 1.022 do CPC/2015, e, nessa parte, não provido" (Brasil, 2019b).

5   Como bem destaca Rizatto Nunes (2018, p. 871), "o significado de hipossuficiência do texto do preceito normativo do CDC não é econômico, é técnico. A vulnerabilidade, como vimos, é o conceito que afirma a fragilidade econômica do consumidor e também técnica. Mas hipossuficiência, para fins da possibilidade de inversão do ônus da prova, tem sentido de desconhecimento técnico e informativo do produto e do serviço, de suas propriedades, de seu funcionamento vital e/ou intrínseco, de sua distribuição, dos modos especiais de controle, dos aspectos que podem ter gerado o acidente de consumo e o dano, das características do vício etc.".

Além da responsabilização por danos decorrentes do serviço público, o consumidor tem o direito de escolher se quer a restituição total ou parcial da quantia paga, bem como a reexecução total ou parcial do serviço ou o abatimento proporcional ao preço que foi estipulado (Nunes, 2018).

— 3.5.2 —
Código de Defesa do Usuário de Serviço Público – Lei n. 13.460/2017

A Lei n. 13.460, de 26 de junho de 2017, instituiu, com quase 20 anos de atraso, as regras infralegais de proteção ao usuário de serviço público. A necessidade de implementação veio por intermédio da Emenda n. 19/1998, que alterou o parágrafo 3º art. 37 do texto constitucional nos seguintes termos:

> § 3º A lei disciplinará as formas de participação do usuário na administração pública direta e indireta, regulando especialmente:
>
> I – as reclamações relativas à prestação dos serviços públicos em geral, asseguradas a manutenção de serviços de atendimento ao usuário e a avaliação periódica, externa e interna, da qualidade dos serviços;
>
> II – o acesso dos usuários a registros administrativos e a informações sobre atos de governo, observado o disposto no art. 5º, X e XXXIII;

III – a disciplina da representação contra o exercício negligente ou abusivo de cargo, emprego ou função na administração pública. (Brasil, 1988)

Aprovada em junho de 2017, a lei começou a produzir efeitos depois de um ano para a União, os estados e os municípios com mais de quinhentos mil habitantes e depois de dois anos para municípios com menos de cem mil habitantes. É, portanto, uma legislação com eficácia recente e que ainda suscitará muitos debates.

De forma expressa no parágrafo 1º do art. 1º da Lei n. 13.460/2017, o legislador estabeleceu o âmbito de aplicação da lei para a União[16], os estados-membros, os municípios e o Distrito Federal. Tendo em vista que os procedimentos em matéria processual encontram-se no inciso XI do art. 24 da Constituição, entendemos que o supracitado diploma legal estabelece normas gerais sobre a matéria, permitindo que estados-membros, Distrito Federal e municípios suplementem o referido arcabouço legal.

O art. 5º da Lei n. 13.460/2017 dispõe sobre as diretrizes a serem observadas na prestação do serviço público e que podem ser utilizadas como critérios de avaliação do serviço público. Já o art. 6º da mesma lei enumera os direitos básicos do usuário, e o art. 8º, seus deveres. Mas, sem dúvida, os destaques da lei ficam

---

6   No âmbito federal, o Decreto n. 9.492/2018 regulamentou a Lei n. 13.460/2017. Entretanto, já foi objeto de alteração pelo Decreto n. 10.153/2019.

por conta da carta de serviços do usuário e da implementação do sistema de avaliação continuada, com a criação de ouvidorias. Levando em consideração os parágrafos 2º e 3º do art. 7º do referido código, a carta de serviço de usuários deve conter as seguintes informações:

§ 2º [...]

I – serviços oferecidos;

II – requisitos, documentos, formas e informações necessárias para acessar o serviço;

III – principais etapas para processamento do serviço;

IV – previsão do prazo máximo para a prestação do serviço;

V – forma de prestação do serviço; e

VI – locais e formas para o usuário apresentar eventual manifestação sobre a prestação do serviço.

§ 3º [...]

I – prioridades de atendimento;

II – previsão de tempo de espera para atendimento;

III – mecanismos de comunicação com os usuários;

IV – procedimentos para receber e responder as manifestações dos usuários; e

V – mecanismos de consulta, por parte dos usuários, acerca do andamento do serviço solicitado e de eventual manifestação. (Brasil, 2017b)

A partir do art. 9º da Lei n. 13.460/2017, temos a regulamentação do exercício do direito constitucional de petição quando se tratar de serviços públicos, com ênfase no funcionamento das ouvidorias, previstas no art. 13 do mesmo diploma.

Inclusive, as ouvidorias devem encaminhar ao usuário a decisão administrativa final no prazo de 30 dias, prorrogável por igual período por uma única vez, com a devida motivação, conforme o art. 16 do referido código. Nos termos do parágrafo único desse dispositivo, os agentes públicos dispõem do prazo de 20 dias para apresentar as informações solicitadas pela ouvidoria. Se tais prazos não forem cumpridos, o usuário pode provocar o Poder Judiciário para a realização de controle, em especial, pela via do mandado de segurança[17].

Outra novidade do código versa sobre o conselho de usuários, que tem como finalidade realizar o acompanhamento da execução dos serviços públicos, propor melhorias, acompanhar a atuação do ouvidor, além de outras competências previstas no art. 18. A composição desse conselho deve ocorrer por meio de eleição, preconizando a segmentação de usuários, nos termos do art. 19.

A Figura 3.2, a seguir, sintetiza o sistema de defesa do usuário de serviço público:

---

7   Para aprofundamento, consulte Maria Sobrinho (2020, p. 221-ss.).

Figura 3.2 – Código de Defesa do Usuário de Serviço Público

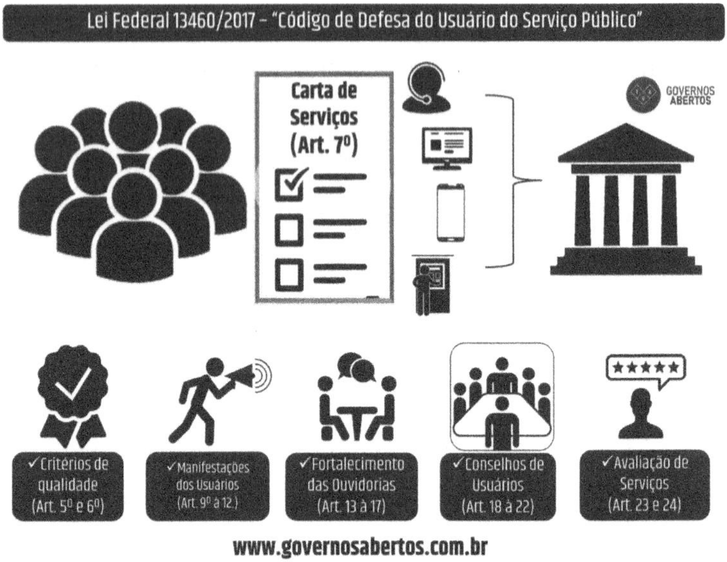

Fonte: Governos abertos, 2021.

Com a regulamentação do sistema de avaliação continuada, nos termos dos arts. 23 e 24 da Lei n. 13.460/2017, o que se vislumbra é a efetivação do princípio da eficiência, que foi igualmente adicionado ao texto constitucional pela Emenda n. 19/1998. Como já mencionamos anteriormente, os respectivos entes federativos podem editar a regulamentação necessária para adequar o Código de Defesa do Usuário do Serviço Público para as realidades estaduais e locais.

Capítulo 4

Formas de gestão do serviço público

Os serviços públicos podem ser executados diretamente por órgãos estatais (unidades administrativas desprovidas de personalidade jurídica) ou por entes administrativos criados para realizar tal tarefa – por exemplo, uma autarquia ou, até mesmo, uma estatal. Entretanto, diante da tendência de redução do aparelhamento estatal, a Administração Pública vem delegando aos particulares a execução de serviço público sob as mais diversas formas. É o que analisaremos a seguir.

— 4.1 —
Concessão de serviço público – Lei n. 8.987/1995

Nesta seção, continuaremos a análise do serviço público como função administrativa do Estado, agora considerando suas formas de gestão, quais sejam: a concessão, a permissão, a autorização, os consórcios públicos, as parcerias público-privadas e as parcerias entre a Administração Pública e as organizações da sociedade civil.

— 4.1.1 —
Concessão de serviço público: elementos para definição

A Constituição Federal de 1988, em seu art. 175, dispõe que "incumbe ao Poder Público, na forma da lei, diretamente ou sob regime de concessão ou permissão, sempre através de licitação, a prestação de serviços públicos" (Brasil, 1988). No entanto, a regulamentação desse dispositivo só ocorreu em 1995, com o advento da Lei n. 8.987, de 13 de fevereiro de 1995 (Brasil, 1995b), que estabeleceu o marco legal do instituto da concessão. Nos termos do inciso II do art. 2º do supracitado texto legal, *concessão de serviço público*[1] é "a delegação de sua prestação, feita pelo poder concedente, mediante licitação, na modalidade concorrência ou diálogo competitivo, a pessoa jurídica ou consórcio de empresas que demonstre capacidade para seu desempenho, por sua conta e risco e por prazo determinado" (Brasil, 1995b).

Além disso, o texto legal, no inciso III do art. 2º, possibilita que a concessão de serviço público seja precedida de execução de obra pública nos seguintes termos:

a construção, total ou parcial, conservação, reforma, ampliação ou melhoramento de quaisquer obras de interesse público, delegados pelo poder concedente, mediante licitação, na modalidade concorrência ou diálogo competitivo, a pessoa jurídica ou consórcio de empresas que demonstre capacidade

---

1   O art. 2º da Lei n. 11.922, de 13 de abril de 2009, implementou o procedimento de manifestação de interesse (PMI) nos seguintes termos: "ficam os Poderes Executivos da União, dos Estados, do Distrito Federal e dos Municípios autorizados a estabelecer normas para regular procedimento administrativo, visando a estimular a iniciativa privada a apresentar, por sua conta e risco, estudos e projetos relativos à concessão de serviços públicos, concessão de obra pública ou parceria público-privada" (Brasil, 2009a). Regulamentado no âmbito federal pelo Decreto n. 8.428/2015, a Administração Pública não está vinculada às colaborações apresentadas pelos particulares, o que acabou por tornar inócuo referido instituto (Justen Filho, 2016).

para a sua realização, por sua conta e risco, de forma que o investimento da concessionária seja remunerado e amortizado mediante a exploração do serviço ou da obra por prazo determinado (Brasil, 1995b).

No âmbito doutrinário, Marçal Justen Filho (2016, p. 583) define *concessão de serviço público* como:

> A concessão comum de serviço público é um contrato plurilateral de natureza organizacional e associativa, por meio do qual a prestação de um serviço público é temporariamente delegada pelo Estado a um sujeito privado que assume seu desempenho diretamente em face dos usuários, mas sob controle estatal e da sociedade civil, mediante remuneração extraída do empreendimento.

Com base nas definições legal e doutrinária, podemos representar graficamente a concessão de serviço público da seguinte maneira (Figura 4.1):

Figura 4.1 – Concessão de serviço público nos termos da Lei n. 8.987/1995

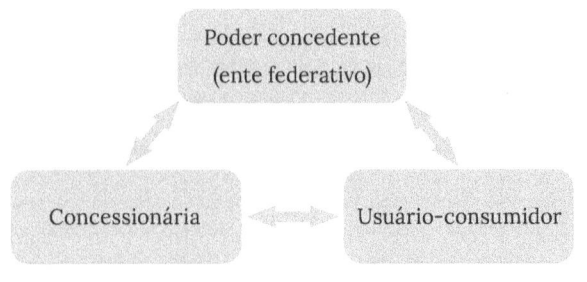

```
           Poder concedente
           (ente federativo)
              ↙        ↘
    Concessionária ⟷ Usuário-consumidor
```

Fonte: Elaborado com base em Brasil, 1995b.

Em que:

- Poder concedente: é o ente federativo titular da atividade material considerada como serviço público em termos constitucionais.
- Concessionária: é o sujeito privado vencedor da licitação e que, depois de firmar um contrato administrativo, passará a executar o serviço público.
- Usuário-consumidor: é aquele que usufrui do serviço público mediante o pagamento de tarifa ou preço público.

— 4.1.2 —
Espécies de contratos de concessão

O objeto da delegação de serviço público pode variar, o que, consequentemente, gera as seguintes espécies contratuais:

- Concessão exclusivamente de serviço público: ocorre quando o particular passa a executar a atividade em nome do Poder Público. É o caso, por exemplo, do transporte coletivo de passageiros (Justen Filho, 2016).

- Concessão de serviço público antecedida da execução de obra pública: nesse caso, a prestação do serviço público depende da realização de obra pública. Marçal Justen Filho (2016) exemplifica a hipótese citando a delegação da geração de energia elétrica: para que ocorra a execução da atividade, o particular deve assumir o encargo de constituir a usina hidrelétrica.

- Concessão de exploração de obra pública a ser edificada: a concessão versa sobre o aproveitamento da obra propriamente dita. Nesse aspecto, Marçal Justen Filho (2016) entende que não há de se falar de serviço público e cita, como exemplo, a construção de rodovias.
- Concessão da exploração de obras já existentes: o particular assumirá o encargo de reformar, manter ou ampliar determinado bem público. As rodovias já existentes podem ser objeto desse tipo de concessão.

Ainda, impende destacar que as concessões de serviços públicos são formas de descentralização por colaboração. Por outro lado, quando a atividade é descentralizada para um ente administrativo que integra a Administração Pública indireta do ente titular do serviço público, ocorre a chamada *outorga*, sendo desnecessária qualquer relação contratual. É o caso, por exemplo, da União quando outorgou o serviço postal aos Correios[12].

— 4.1.3 —
Licitação na concessão de serviço público

O art. 14 da Lei n. 8.987/1995 estabelece a obrigatoriedade de realização de licitação para a concessão de serviço público, independentemente de tal delegação ser ou não precedida de obra pública. Com a edição da nova Lei de Licitações e Contratos

---

2   Na Arguição de Descumprimento Fundamental n. 46 (Brasil, 2011c), o STF reafirmou o serviço postal como serviço público. Entretanto, deixou de entender como crime o fato de o particular realizar tal atividade, nos termos do art. 42 da Lei n. 6.538/1978.

Administrativos – Lei n. 14.133, de 1º de abril de 2021 (Brasil, 2021a) –, a licitação pode ocorrer por meio das modalidades concorrência ou diálogo competitivo.

A modalidade concorrência sofreu profundas modificações em relação ao procedimento observado na Lei n. 8.666, de 21 de junho de 1993, em que o licitante primeiramente deveria habilitar-se para, depois, apresentar a proposta (Brasil, 1993a). Agora, a concorrência deve observar as seguintes etapas, nos termos do art. 17 da Lei n. 14.133/2021:

- preparatória;
- de divulgação do edital de licitação;
- de apresentação de propostas e lances, quando for o caso;
- de julgamento;
- de habilitação;
- recursal;
- de homologação.

Por sua vez, o diálogo competitivo traduz-se na grande novidade da nova Lei de Licitações e Contratos. Nos termos do art. 32, a referida modalidade pode ser adotada pela Administração Pública quando:

> I – vise a contratar objeto que envolva as seguintes condições:
>
> a) inovação tecnológica ou técnica;
>
> b) impossibilidade de o órgão ou entidade ter sua necessidade satisfeita sem a adaptação de soluções disponíveis no mercado; e

c) impossibilidade de as especificações técnicas serem definidas com precisão suficiente pela Administração;

II – verifique a necessidade de definir e identificar os meios e as alternativas que possam satisfazer suas necessidades, com destaque para os seguintes aspectos:

a) a solução técnica mais adequada;

b) os requisitos técnicos aptos a concretizar a solução já definida;

c) a estrutura jurídica ou financeira do contrato. (Brasil, 2021a)

Tal modalidade de licitação teve como inspiração o modelo europeu de contratação, em que a Administração Pública busca literalmente dialogar com a iniciativa privada, a fim de buscar uma solução para o objeto da licitação. Entretanto, Marçal Justen Filho alerta que, na Europa, o diálogo competitivo restringe-se a pouquíssimos licitantes, pois a própria Administração Pública seleciona as empresas que vão dialogar levando em consideração a *expertise* necessária para atender ao objeto (Live Esa Nacional, 2021).

Por outro lado, no Brasil, nos termos do inciso II do parágrafo 1º do art. 32 da referida lei: "os critérios empregados para pré-seleção dos licitantes deverão ser previstos em edital, e serão admitidos todos os interessados que preencherem os requisitos objetivos estabelecidos" (Brasil, 2021a). Desse modo, todas as empresas que preenchem os requisitos do edital podem participar do diálogo. "Teremos vinte empresas tentando dialogar: não vai dar certo", afirmou Marçal Justen Filho (Live Esa Nacional, 2021), ao tecer suas primeiras considerações sobre a nova modalidade de licitação. O temor é de que a modalidade não tenha efetividade, em razão da falta de confiança da Administração Pública na iniciativa privada. Além disso, muitos licitantes podem inviabilizar o diálogo.

Independentemente da modalidade escolhida para delegar o serviço público, o art. 18 da Lei n. 8.987/1995 enumera os requisitos obrigatórios do edital de licitação:

> Art. 18. O edital de licitação será elaborado pelo poder concedente, observados, no que couber, os critérios e as normas gerais da legislação própria sobre licitações e contratos e conterá, especialmente:
>
> I – o objeto, metas e prazo da concessão;
>
> II – a descrição das condições necessárias à prestação adequada do serviço;
>
> III – os prazos para recebimento das propostas, julgamento da licitação e assinatura do contrato;
>
> IV – prazo, local e horário em que serão fornecidos, aos interessados, os dados, estudos e projetos necessários à elaboração dos orçamentos e apresentação das propostas;

V – os critérios e a relação dos documentos exigidos para a aferição da capacidade técnica, da idoneidade financeira e da regularidade jurídica e fiscal;

VI – as possíveis fontes de receitas alternativas, complementares ou acessórias, bem como as provenientes de projetos associados;

VII – os direitos e obrigações do poder concedente e da concessionária em relação a alterações e expansões a serem realizadas no futuro, para garantir a continuidade da prestação do serviço;

VIII – os critérios de reajuste e revisão da tarifa;

IX – os critérios, indicadores, fórmulas e parâmetros a serem utilizados no julgamento técnico e econômico-financeiro da proposta;

X – a indicação dos bens reversíveis;

XI – as características dos bens reversíveis e as condições em que estes serão postos à disposição, nos casos em que houver sido extinta a concessão anterior;

XII – a expressa indicação do responsável pelo ônus das desapropriações necessárias à execução do serviço ou da obra pública, ou para a instituição de servidão administrativa;

XIII – as condições de liderança da empresa responsável, na hipótese em que for permitida a participação de empresas em consórcio;

XIV – nos casos de concessão, a minuta do respectivo contrato, que conterá as cláusulas essenciais referidas no art. 23 desta Lei, quando aplicáveis;

XV – nos casos de concessão de serviços públicos precedida da execução de obra pública, os dados relativos à obra, dentre os quais os elementos do projeto básico que permitam sua plena caracterização, bem assim as garantias exigidas para essa parte específica do contrato, adequadas a cada caso e limitadas ao valor da obra;

XVI – nos casos de permissão, os termos do contrato de adesão a ser firmado. (Brasil, 1995b)

Outro detalhe importante versa sobre os critérios de julgamento das propostas, delineados no art. 15 da Lei n. 8.987/1995:

I – o menor valor da tarifa do serviço público a ser prestado;

II – a maior oferta, nos casos de pagamento ao poder concedente pela outorga da concessão; [...]

IV – melhor proposta técnica, com preço fixado no edital;

V – melhor proposta em razão da combinação dos critérios de menor valor da tarifa do serviço público a ser prestado com o de melhor técnica;

VI – melhor proposta em razão da combinação dos critérios de maior oferta pela outorga da concessão com o de melhor técnica;

VII – melhor oferta de pagamento pela outorga após qualificação de propostas técnicas. (Brasil, 1995b)

Por fim, cumpre destacar que é possível combinar o critério do menor valor da tarifa com o da maior oferta ao poder concedente se essa disposição estiver expressamente prevista no edital, inclusive com o detalhamento a respeito da avaliação econômico-financeira do objeto da delegação.

— 4.1.4 —
Cláusulas essenciais do contrato de concessão

As cláusulas obrigatórias nos contratos de concessão de serviço público estão delineadas no art. 23 da Lei n. 8.987/1995:

I – ao objeto, à área e ao prazo da concessão;

II – ao modo, forma e condições de prestação do serviço;

III – aos critérios, indicadores, fórmulas e parâmetros definidores da qualidade do serviço;

IV – ao preço do serviço e aos critérios e procedimentos para o reajuste e a revisão das tarifas;

V – aos direitos, garantias e obrigações do poder concedente[13] e da concessionária[14], inclusive os relacionados às previsíveis necessidades de futura alteração e expansão do serviço e consequente modernização, aperfeiçoamento e ampliação dos equipamentos e das instalações;

VI – aos direitos e deveres dos usuários para obtenção e utilização do serviço;

---

3 "Art. 29. Incumbe ao poder concedente: I – regulamentar o serviço concedido e fiscalizar permanentemente a sua prestação; II – aplicar as penalidades regulamentares e contratuais; III – intervir na prestação do serviço, nos casos e condições previstos em lei; IV – extinguir a concessão, nos casos previstos nesta Lei e na forma prevista no contrato; V – homologar reajustes e proceder à revisão das tarifas na forma desta Lei, das normas pertinentes e do contrato; VI – cumprir e fazer cumprir as disposições regulamentares do serviço e as cláusulas contratuais da concessão; VII – zelar pela boa qualidade do serviço, receber, apurar e solucionar queixas e reclamações dos usuários, que serão cientificados, em até trinta dias, das providências tomadas; VIII – declarar de utilidade pública os bens necessários à execução do serviço ou obra pública, promovendo as desapropriações, diretamente ou mediante outorga de poderes à concessionária, caso em que será desta a responsabilidade pelas indenizações cabíveis; IX – declarar de necessidade ou utilidade pública, para fins de instituição de servidão administrativa, os bens necessários à execução de serviço ou obra pública, promovendo-a diretamente ou mediante outorga de poderes à concessionária, caso em que será desta a responsabilidade pelas indenizações cabíveis; X – estimular o aumento da qualidade, produtividade, preservação do meio-ambiente e conservação; XI – incentivar a competitividade; e XII – estimular a formação de associações de usuários para defesa de interesses relativos ao serviço" (Brasil, 1995b).

4 "Art. 31. Incumbe à concessionária: I – prestar serviço adequado, na forma prevista nesta Lei, nas normas técnicas aplicáveis e no contrato; II – manter em dia o inventário e o registro dos bens vinculados à concessão; III – prestar contas da gestão do serviço ao poder concedente e aos usuários, nos termos definidos no contrato; IV – cumprir e fazer cumprir as normas do serviço e as cláusulas contratuais da concessão; V – permitir aos encarregados da fiscalização livre acesso, em qualquer época, às obras, aos equipamentos e às instalações integrantes do serviço, bem como a seus registros contábeis; VI – promover as desapropriações e constituir servidões autorizadas pelo poder concedente, conforme previsto no edital e no contrato; VII – zelar pela integridade dos bens vinculados à prestação do serviço, bem como segurá-los adequadamente; e VIII – captar, aplicar e gerir os recursos financeiros necessários à prestação do serviço" (Brasil, 1995b).

VII – à forma de fiscalização das instalações, dos equipamentos, dos métodos e práticas de execução do serviço, bem como a indicação dos órgãos competentes para exercê-la;

VIII – às penalidades contratuais e administrativas a que se sujeita a concessionária e sua forma de aplicação;

IX – aos casos de extinção da concessão;

X – aos bens reversíveis[15];

XI – aos critérios para o cálculo e a forma de pagamento das indenizações devidas à concessionária, quando for o caso;

XII – às condições para prorrogação do contrato;

XIII – à obrigatoriedade, forma e periodicidade da prestação de contas da concessionária ao poder concedente;

XIV – à exigência da publicação de demonstrações financeiras periódicas da concessionária; e

XV – ao foro e ao modo amigável de solução das divergências contratuais[16]. (Brasil, 1995b)

O primeiro destaque sobre as cláusulas do contrato de concessão versa sobre a cláusula exorbitante que possibilita ao poder concedente intervir na gestão da prestação do serviço público "com o fim de assegurar a adequação na prestação do serviço,

---

5   Aqueles que serão incorporados ao patrimônio público após o término da concessão.

6   É importante destacar que o art. 23-A possibilita o uso da arbitragem para dirimir controvérsias sobre o contrato de concessão, nos seguintes termos: "O contrato de concessão poderá prever o emprego de mecanismos privados para resolução de disputas decorrentes ou relacionadas ao contrato, inclusive a arbitragem, a ser realizada no Brasil e em língua portuguesa, nos termos da Lei no 9.307, de 23 de setembro de 1996" (Brasil, 1995b).

bem como o fiel cumprimento das normas contratuais, regulamentares e legais pertinentes" (Brasil, 1995b), nos termos do art. 32 da Lei n. 8.987/1995.

Com a declaração de intervenção, o poder concedente inicia o processo administrativo, garantidos o contraditório e a ampla defesa da concessionária, cujo prazo máximo é de 180 dias. Com o encerramento da intervenção, podem ocorrer as seguintes situações:

> caso não haja comprovação de qualquer irregularidade, há a devolução do serviço à concessionária e o contrato segue o seu curso, sem prejuízo do direito à indenização pela medida;
>
> se houver a comprovação de pequenas irregularidades, normalmente são aplicadas as correspondentes sanções, sem prejuízo da devolução do serviço à concessionária; e no caso de comprovação da existência de irregularidades graves, há a extinção do contrato de concessão, com todas as consequências daí derivadas, que serão vistas a seguir. (Nohara, 2020, p. 568)

Contudo, entre as questões contratuais, sem dúvida, a que mais gera discussões judiciais diz respeito à estipulação e ao reajuste da tarifa. Nos termos do *caput* do art. 9º da Lei n. 8.987/1995, "a tarifa do serviço público concedido será fixada pelo preço da proposta vencedora da licitação e preservada pelas regras de revisão previstas nesta Lei, no edital e no contrato" (Brasil, 1995b).

O parágrafo 1º do art. 9º permite que a cobrança da tarifa esteja "condicionada à existência de serviço público alternativo e gratuito para o usuário" (Brasil, 1995b), desde que tal exigência esteja prevista em lei. A interpretação desse dispositivo foi levada ao Superior Tribunal de Justiça (STJ), em que se discutiu a necessidade de as concessionárias de pedágio ofertarem vias alternativas para realizar a cobrança de tarifa:

> PROCESSUAL CIVIL E ADMINISTRATIVO. AÇÃO CIVIL PÚBLICA. MINISTÉRIO PÚBLICO. LEGITIMIDADE ATIVA (CF, ART. 129, III, E LEI 8.078/90, ARTS, 81 E 82, I). CONCESSÃO DE SERVIÇO PÚBLICO. RODOVIA. EXIGÊNCIA DE TARIFA (PEDÁGIO) PELA PRESTAÇÃO DO SERVIÇO CONCEDIDO QUE PRESCINDE, SALVO EXPRESSA DETERMINAÇÃO LEGAL, DA EXISTÊNCIA DE IGUAL SERVIÇO PRESTADO GRATUITAMENTE PELO PODER PÚBLICO. [...] 2. A Constituição Federal autorizou a cobrança de pedágio em rodovias conservadas pelo Poder Público, inobstante a limitação de tráfego que tal cobrança acarreta. Nos termos do seu art. 150: '... é vedado à União, aos Estados, ao Distrito Federal e aos Municípios: [...] V – estabelecer limitações ao tráfego de pessoas ou bens, por meio de tributos interestaduais ou intermunicipais, ressalvada a cobrança de pedágio pela utilização de vias conservadas pelo Poder Público'. **Assim, a contrapartida de oferecimento de via alternativa gratuita como condição para a cobrança daquela tarifa não pode ser considerada exigência constitucional. 3. A exigência, ademais, não está prevista em lei ordinária, nomeadamente na Lei 8.987/95, que regulamenta a concessão e permissão de serviços públicos.** Pelo contrário, nos termos do seu art. 9º, parágrafo primeiro, introduzido pela Lei 9.648/98, 'a tarifa não será subordinada à legislação específica anterior e somente nos casos expressamente previstos em lei,

sua cobrança poderá ser condicionada à existência de serviço público alternativo e gratuito para o usuário.' 4. Recurso especial do Estado do Paraná conhecido em parte e improvido; recurso especial de VIAPAR S/A conhecido em parte e, nessa parte, parcialmente provido; recursos especiais do DNER e da União conhecidos em parte e, nessa parte, providos; e recurso especial do DER conhecido e provido. (Brasil, 2005c, grifo nosso)

Ademais, o STJ admite a cobrança de tarifa básica do usuário para cobrir custos de disponibilização do serviço, ainda que o particular não tenha feito uso dele. É o que dispõe a Súmula n. 356: "É legítima a cobrança da tarifa básica pelo uso dos serviços de telefonia fixa" (Brasil, 2021b, p. 40).

Por fim, ainda conforme o art. 9º, o legislador estabelece a possibilidade de revisão da tarifa: nos termos contratuais, a fim de que seja mantido o equilíbrio econômico-financeiro do contrato; quando o contrato é alterado unilateralmente pelo poder concedente; no caso da criação, alteração ou supressão de tributo ou encargo após a apresentação da proposta ainda na fase licitatória (Brasil, 1995b).

— 4.1.5 —
Extinção da concessão

Nos termos do art. 35 da Lei n. 8.987/1995, a extinção do contrato de concessão de serviço público pode ocorrer nas seguintes hipóteses:

- Advento do termo contratual, com reversão dos bens, direitos e privilégios para o poder concedente, mediante pagamento de indenização à concessionária[17], caso os bens não tenham sido amortizados ao longo da concessão. Em razão disso, o inciso X do art. 23 da Lei n. 8.987/1995 exige que esteja presente no contrato administrativo o rol dos bens reversíveis. Os bens reversíveis podem ser bens móveis, como máquinas e equipamentos ou imóveis – por exemplo, estações de metrô (Nohara, 2020).

- Encampação: nos termos do art. 37, "considera-se encampação a retomada do serviço pelo poder concedente durante o prazo da concessão, por motivo de interesse público, mediante lei autorizativa específica e após prévio pagamento da indenização, na forma do artigo anterior" (Brasil, 1995b). Portanto, para que ocorra tal hipótese, deve haver interesse público que justifique a medida, lei autorizadora e prévia indenização.

---

7 O STJ entendeu que a indenização devida ao concessionário por não ter conseguido amortizar os investimentos não é devida previamente: "ADMINISTRATIVO. EXTINÇÃO DO CONTRATO DE CONCESSÃO DE SERVIÇO PÚBLICO. REVERSÃO DOS BENS UTILIZADOS PELA CONCESSIONÁRIA. INDENIZAÇÃO PRÉVIA. DESCABIMENTO. 1. Extinto o contrato de concessão por decurso do prazo de vigência, cabe ao Poder Público a retomada imediata da prestação do serviço, até a realização de nova licitação, a fim de assegurar a plena observância do princípio da continuidade do serviço público. Não está condicionado o termo final do contrato ao pagamento prévio de eventual indenização referente a bens reversíveis que, se for devida, tem de ser garantida nas vias ordinárias. Precedentes do STJ. 2. Recurso especial não provido" (Brasil, 2012b).

- Caducidade: consiste na rescisão unilateral da concessão, por inexecução total ou parcial do contrato, a critério do poder concedente. O parágrafo 1º do art. 38 enumera as situações que podem dar causa à caducidade:

    I – o serviço estiver sendo prestado de forma inadequada ou deficiente [...];

    II – a concessionária descumprir cláusulas contratuais ou disposições legais ou regulamentares [...];

    III – a concessionária paralisar o serviço ou concorrer para tanto, ressalvadas as hipóteses de caso fortuito ou força maior;

    IV – a concessionária perder as condições econômicas, técnicas ou operacionais para manter a adequada prestação do serviço concedido;

    V – a concessionária não cumprir as penalidades impostas por infrações, nos devidos prazos;

    VI – a concessionária não atender a intimação do poder concedente no sentido de regularizar a prestação do serviço; e

    VII – a concessionária não [...] apresentar a documentação relativa a regularidade fiscal. (Brasil, 1995b)

- Rescisão por iniciativa concessionária pode ocorrer quando o poder concedente não está cumprindo com os termos contratuais. Nesse caso, a concessionária pode pleitear a rescisão administrativamente ou buscar a via judicial. Para cessar a prestação de serviços, a rescisão pela via administrativa deve se efetivar de forma amigável. Se a opção foi a via judicial, o parágrafo único do art. 39 estabelece que "na hipótese prevista no *caput* deste artigo, os serviços prestados pela concessionária não poderão ser interrompidos ou paralisados, até a decisão judicial transitada em julgado" (Brasil, 1995b).

- Anulação do contrato administrativo: a Lei n. 8.987/1995 estabelece a possibilidade de extinção por essa via, mas não define um regramento específico. Por isso, aplica-se o disposto na nova Lei de Licitações e Contratos, que, a partir de seu art. 147 e seguintes, estabelece um "estudo de impacto invalidatório" (Live Esa Nacional, 2021). Portanto, para decretar a invalidação, o poder concedente deve mensurar o impacto, priorizando a convalidação nos termos da lei.
- Falência ou extinção da pessoa jurídica: nesse caso, o art. 195 da Lei de Falências reforça a extinção da concessão nos seguintes termos: "a decretação de falência das concessionárias de serviços públicos implica extinção da concessão, na forma da lei" (Brasil, 2005a).

— 4.2 —
Permissão e autorização de serviço público

Antes de analisarmos o uso da permissão e da autorização no âmbito dos serviços públicos, faz-se necessário destacar que ambas são externadas na condição de atos administrativos, realizados de forma unilateral, conforme a discricionariedade administrativa e de modo precário. A permissão é utilizada com a finalidade de possibilitar que o particular faça uso de bem público em proveito próprio ou da coletividade. A precariedade da permissão pode vir a ser restringida caso a Administração Pública estipule prazo para a utilização do bem (Nohara, 2020).

Já a autorização é utilizada como instrumento para o exercício do poder de polícia ou para o uso de bem público por particular. Nesse aspecto, Irene Patrícia Nohara (2020, p. 810) a diferencia da permissão ao afirmar que "conferida a permissão ao particular, este tem obrigação, e não faculdade (como no caso da autorização), de utilizar o bem, sob pena de caducidade, pois ela envolve interesse público". Da mesma forma como ocorre com a permissão, a precariedade da autorização pode ser relativizada se a Administração estabelecer prazo.

Quanto à delegação de serviços públicos, a permissão passa a ter natureza contratual, nos termos do art. 40 da Lei n. 8.987/1995: "A permissão de serviço público será formalizada mediante contrato de adesão, que observará os termos desta Lei, das demais normas pertinentes e do edital de licitação, inclusive quanto à precariedade e à revogabilidade unilateral do contrato pelo poder concedente" (Brasil, 1995b).

Diante dessa natureza contratual e levando em consideração o conceito legal de permissão disposto no inciso IV do art. 2º da Lei n. 8.987/1995[18], é possível diferenciar a permissão da concessão de serviço público nos seguintes termos (Figura 4.2):

Figura 4.2 – Principais diferenças entre concessão e permissão de serviço público

Concessão	Permissão
■ Somente pessoa jurídica ■ Licitação na modalidade concorrência ou diálogo competitivo ■ Prazo determinado para o término da delegação ■ A rescisão antecipada confere ao concessionário o direito à indenização pelos investimentos não amortizados	■ Pessoa jurídica ou pessoa física ■ Licitação mediante qualquer modalidade ■ Precariedade: o prazo de uma permissão confere ao delegatário um prazo máximo de vigência, mas não um prazo mínimo ■ A extinção antecipada não confere ao permissionário o direito à indenização pelos investimentos não amortizados

Já a autorização, na condição de instrumento de delegação de serviço público, é novidade proveniente da Emenda Constitucional n. 8, de 15 de agosto de 1995 (Brasil, 1995a), que possibilitou a execução dos serviços públicos de telecomunicações, radiodifusão sonora e de imagens, energia elétrica,

---

8   "IV – permissão de serviço público: a delegação, a título precário, mediante licitação, da prestação de serviços públicos, feita pelo poder concedente à pessoa física ou jurídica que demonstre capacidade para seu desempenho, por sua conta e risco" (Brasil, 1995b).

navegação aérea e infraestrutura aeroportuária, transporte ferroviário e aquaviário, transporte rodoviário interestadual e internacional e a gestão de portos marítimos, fluviais e em lagos, tendo como base esse instituto jurídico.

Todavia, apesar de o texto constitucional ser expresso no sentido de permitir o uso da autorização como instrumento de delegação de serviço público, no âmbito doutrinário o tema gera inúmeras controvérsias. A expressa previsão constitucional é o argumento de parte da doutrina que defende o uso do instituto, como no caso de Sergio Ferraz e Amauri Feres Saad (2018). Tais autores afirmam que a autorização pode ser instrumento de delegação de serviço público, inclusive sem a necessidade de licitação, ao apontar que dois fatores devem estar presentes para configurar essa hipótese: "(i) A fixação de requisitos objetivos para o deferimento da autorização, de modo a tornar o ato administrativo negocial de deferimento um ato vinculado; e (ii) a instituição, mesmo após um período de transição, de um ambiente de competição entre prestadores" (Ferraz; Saad, 2018, p. 72).

Por sua vez, Rafael Carvalho Rezende Oliveira (2020, p. 205) sintetiza a corrente contrária, que não admite a autorização como instrumento de delegação de serviço público:

> Em nossa opinião, a autorização não representa instrumento hábil para delegação de serviços públicos, em razão dos seguintes argumentos: a) os instrumentos específicos de delegação de serviços públicos são a concessão e a permissão, mencionadas especificamente no art. 175 da CRFB; b) o art. 21,

XI e XII, da CRFB elenca serviços públicos, sujeitos à concessão e à permissão, e serviços privados de interesse coletivo, prestados no interesse predominante do prestador, sujeitos à autorização; c) é inconcebível a afirmação de que determinado serviço público seja prestado no interesse primordial do próprio prestador, pois a noção de serviço público pressupõe benefícios para coletividade; e d) a autorização para prestação de atividades privadas de interesse coletivo possui natureza jurídica de consentimento de polícia por se tratar de condicionamento ao exercício da atividade econômica (art. 170, parágrafo único, da CRFB).

Nossa opinião é a de que o poder constituinte derivado alterou a categoria de serviço público com relação às atividades presentes nos incisos XI e XII do art. 21 da Constituição para a de serviços industriais (considerando a classificação de Hely Lopes Meirelles) ou "serviços de interesse geral", na visão de Floriano de Azevedo Marques Neto (2019b, p. 126).

Da mesma forma como ocorre com relação à saúde e à educação, tais atividades, se prestadas pelo Poder Público ou por agentes delegatários, submetem-se ao regime jurídico de serviço público. Entretanto, podem ser desenvolvidas como atividade econômica nos termos da autorização concedida pela União, por meio do exercício de seu poder de polícia.

4.3
Consórcios públicos – Lei n. 11.107/2005

A criação de consórcio público tem fundamento constitucional no art. 241:

> Art. 241. A União, os Estados, o Distrito Federal e os Municípios disciplinarão por meio de lei os consórcios públicos e os convênios de cooperação entre os entes federados, autorizando a gestão associada de serviços públicos, bem como a transferência total ou parcial de encargos, serviços, pessoal e bens essenciais à continuidade dos serviços transferidos. (Brasil, 1988)

Como se depreende da Constituição, a finalidade primordial de um consórcio consiste na gestão associada de serviços públicos como decorrência do federalismo de cooperação, permitindo que prestações que envolvam competências federativas diversas sejam realizadas em conjunto (Justen Filho, 2016). Como consequência, o consórcio se constituirá em um ente interfederativo, já que pertencerá a mais de uma estrutura administrativa dos entes consorciados.

Por conseguinte, nos termos do parágrafo 1º do art. 1º da Lei n. 11.107, de 6 de abril de 2005 (Brasil, 2005b), o consórcio público pode assumir a personalidade jurídica de direito público ou de direito privado, de acordo com a escolha do entes consorciados. O primeiro é assim definido por Marçal Justen Filho (2016, p. 132):

O consórcio público com personalidade jurídica de direito público consiste numa associação pública entre entes políticos diversos, constituída a partir de autorizações legislativas, investida na titularidade de atribuições e poderes públicos para relações de cooperação federativa, tendo por objeto o desenvolvimento de atividades permanentes e contínuas.

A associação pública nada mais é do que uma autarquia, um ente administrativo criado por lei. Já o consórcio com personalidade jurídica de direito privado constitui-se em "fundação estatal de direito privado interfederativa", nos termos do magistério de Rafael de Carvalho Rezende Oliveira (2020, p. 162). Nesse caso, a criação do consórcio será autorizada por lei, mas a personalidade jurídica surgirá a partir dos atos constitutivos regulamentados pela legislação de direito privado[19].

É importante destacar que a lei se constitui em uma das etapas para a criação de um consórcio público, mas não é a única. As demais etapas são as seguintes, na ordem em que aparecem na Figura 4.3:

---

9 Para aprofundamento, consulte Maria Sobrinho (2020, p. 114-ss.).

Figura 4.3 – Etapas de formação de um consórcio público

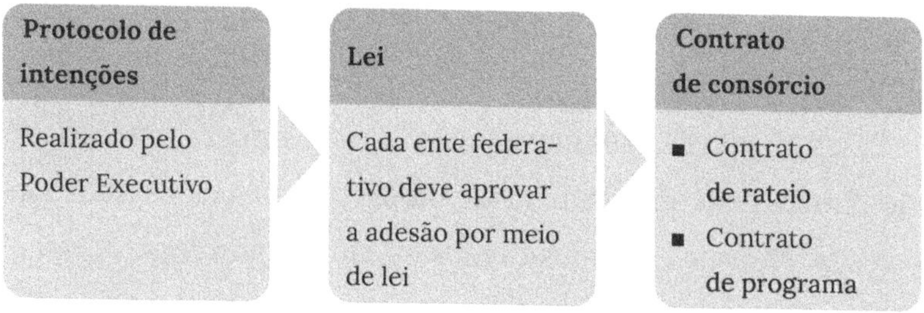

Protocolo de intenções	Lei	Contrato de consórcio
Realizado pelo Poder Executivo	Cada ente federativo deve aprovar a adesão por meio de lei	▪ Contrato de rateio ▪ Contrato de programa

Nos termos do art. 8º da Lei n. 11.107/2005, o contrato de rateio estabelecerá os valores que serão dispendidos por consorciado, devendo ser formalizado a cada exercício financeiro. Já o contrato de programa, em atendimento ao disposto no art. 13 da mesma lei, deve estipular

> as obrigações que um ente da Federação constituir para com outro ente da Federação ou para com consórcio público no âmbito de gestão associada em que haja a prestação de serviços públicos ou a transferência total ou parcial de encargos, serviços, pessoal ou de bens necessários à continuidade dos serviços transferidos. (Brasil, 2005b)

O Consórcio Paraná Saúde é exemplo de consórcio público com personalidade jurídica de direito privado, constituído por 398 municípios paranaenses (com exceção da capital). A finalidade do Paraná Saúde, segundo seu estatuto (Consórcio Paraná Saúde, 2019), consiste em realizar a gestão da prestação do serviço público de saúde, inclusive com a possibilidade de aquisição de insumos e medicamentos[10] (Consórcio Paraná Saúde, 2019).

Por fim, salientamos que a União só pode integrar um consórcio público "em que também façam parte todos os Estados em cujos territórios estejam situados os Municípios consorciados" (Brasil, 2005b), nos termos do parágrafo 2º do art. 1º da referida lei. Esse dispositivo é alvo de críticas, por ofensa à autonomia federativa dos entes, já que o interesse da União pode não coincidir com o do Estado-membro ou do município (Oliveira, 2020).

— 4.4 —
Parcerias público-privadas – Lei n. 11.079/2004

Além da tradicional concessão regulada pela Lei n. 8.987/1995, a Lei n. 11.079, de 30 de dezembro de 2004 (Brasil, 2004), trouxe para o ordenamento jurídico brasileiro mais uma possibilidade de delegação de serviço público: a parceria público-privada (PPP). A finalidade do legislador foi atrair investimentos privados para o setor público, principalmente com relação à infraestrutura de transportes.

Nas palavras de Floriano Azevedo Marques Neto, a PPP é assim definida:

---

[10] Para maiores detalhes, acesse o site: <www.consorcioparanasaude.com.br>.

O ajuste firmado entre a Administração Pública e a iniciativa privada, tendo por objeto a implementação e a oferta de empreendimento destinado à fruição direta ou indireta da coletividade, incumbindo-se a iniciativa privada da sua concepção, estruturação, financiamento, execução, conservação e operação, durante todo o prazo para ela estipulado, e cumprindo ao Poder Público assegurar as condições de exploração e remuneração pela parceria privada, nos termos do que for ajustado, e respeitada a parcela de risco assumida por uma e outra das partes. (Marques Neto, 2005, p. 287-288)

A PPP pode assumir duas modalidades: a patrocinada e a administrativa. Maria Sylvia Zanella Di Pietro engloba as duas modalidades em um conceito único, ao ensinar que é o contrato administrativo de concessão que tem por objeto, na **modalidade patrocinada**, "(a) a execução de serviço público, precedida ou não de obra pública, remunerada mediante tarifa paga pelo usuário e contraprestação pecuniária do parceiro público" (Di Pietro, 2020, p. 342), e na **modalidade administrativa**, "(b) a prestação de serviço de que a Administração Pública seja a usuária direta e indireta, com ou sem execução de obra e fornecimento e instalação de bens, mediante contraprestação do parceiro público" (Di Pietro, 2020, p. 342).

A PPP na modalidade patrocinada em muito se assemelha à tradicional concessão de serviço público. Igualmente, o parceiro privado recebe a delegação para executar a atividade, sendo remunerado pelo pagamento de tarifa por parte do usuário. Mas há diferenças que tornam a PPP patrocinada mais atrativa para a iniciativa privada, tais como (Brasil, 2004):

- contraprestação pecuniária do parceiro público (art. 6º);
- repartição objetiva dos riscos contratuais (art. 4º, inciso VI);
- garantias diferenciadas do parceiro público em relação ao parceiro privado, nos termos do art. 8º, com destaque para a possibilidade de vinculação de receitas orçamentárias do parceiro público e a criação de um fundo garantidor[11].

Já a modalidade administrativa é utilizada quando a Administração Pública pretende ser a usuária direta da prestação, **não havendo remuneração por parte do usuário**. A construção e a gestão de presídios e creches são exemplos de parcerias já realizadas no Brasil nessa categoria[12]. E, da mesma forma que na patrocinada, ocorrem a contraprestação pública, a divisão de riscos e as garantias diferenciadas.

A realização de licitação é procedimento obrigatório para que uma PPP seja firmada[13]. Com a nova redação do art. 10 da Lei n. 11.079/2004, a licitação pode ocorrer mediante concorrência ou diálogo competitivo, este novidade proveniente da Lei n. 14.133/2021.

---

11 Há um debate acadêmico acerca da constitucionalidade das garantias ofertadas pelo parceiro público e a criação de um fundo garantidor. Para aprofundamento, vide a obra de Oliveira (2020, p. 203-ss.).

12 A modalidade patrocinada vem tendo como objeto a construção e a gestão do metrô, como nas cidades de São Paulo e de Salvador. Para mais detalhes, consulte CNT (2021).

13 O parágrafo 3º do art. 10 estabelece a necessidade de autorização legislativa nas "concessões patrocinadas em que mais de 70% (setenta por cento) da remuneração do parceiro privado for paga pela Administração Pública" (Brasil, 2004).

Somente contratos acima de dez milhões de reais e com prazo de duração superior a cinco anos podem ser objeto de PPP. Além disso, o inciso III do parágrafo 4º do art. 2º veda expressamente a contratação de PPP "que tenha como objeto único o fornecimento de mão de obra, o fornecimento e instalação de equipamentos ou a execução de obra pública" (Brasil, 2004).

Por fim, cumpre destacar que a PPP deve ser formalizada por meio da criação de uma sociedade com propósito específico, nos termos do art. 9º da Lei n. 11.079/2004, com a finalidade de implementar e gerir a nova PPP.

— 4.5 —
Parcerias com o terceiro setor

Como já destacamos anteriormente, a noção de serviço público depende da concepção política de Estado e da forma de gestão da Administração Pública. No Brasil, a reforma estatal começou a ser implementada na década de 1990, com o intuito de reduzir o aparelhamento estatal. Desse modo, os serviços públicos foram gradativamente delegados para os particulares.

Nessa nova forma de gestão da Administração Pública – a gerencial –, a delegação dos serviços públicos para a iniciativa privada ocorreu por meio de concessões. Como já analisamos, nessa modalidade de delegação, há uma finalidade lucrativa por parte do particular, o que pode dificultar o acesso ao serviço público. Daí a necessidade de fortalecer laços com o terceiro setor, também chamado de *setor público não estatal*, que desempenha atividades de interesse público sem finalidade lucrativa.

Maria Sylvia Zanella Di Pietro (2019) leciona que as entidades que compõem o terceiro setor não integram a Administração Pública. Elas realizam atividades de interesse social sem finalidade lucrativa (saúde e educação são os principais exemplos). Ainda, caso recebam algum tipo de subvenção estatal para prestar tais atividades, o regime jurídico de direito privado que lhes é aplicado será parcialmente derrogado por normas de direito público (como no caso dever de prestar contas ao Tribunal de Contas). A autora complementa esclarecendo que

> em regra, **não desempenham serviço público delegado pelo Estado, mas atividade privada de interesse público;** trata-se dos chamados serviços sociais não exclusivos do Estado; quando prestados por este, sob regime jurídico de direito público, são serviços públicos; quando prestados pelo particular, são atividades privadas de interesse público, que alguns chamam de serviços públicos impróprios; elas desempenham serviços não exclusivos do Estado, mas atuam em colaboração com ele. (Di Pietro, 2019, p. 316, grifo do original)

O fortalecimento dos laços com o terceiro setor teve início com a Lei n. 9.637, de 15 de maio de 1998 (Brasil, 1998b), a qual criou o sistema de parceria com transferência de recursos públicos para as **organizações sociais** (OS). Inclusive, além do repasse de recursos orçamentários, a qualificação como organização social possibilita que essa entidade também realize a gestão de bens e servidores públicos. Contudo, para que isso ocorra, deve atender aos requisitos presentes no art. 2º da Lei n. 9.637/1998, qualificando-se junto ao Ministério de Estado ligado à área de objeto de sua atuação.

A partir do momento em que essas entidades, também chamadas de *organizações não governamentais* (ONGs), qualificam-se como organizações sociais, podem ser contratadas pelo Poder Público, firmando a parceria por meio de um **contrato de gestão**, nos termos do art. 5º da Lei n. 9.637/1988. Ademais, cumpre asseverar que o inciso XXIV do art. 24 da Lei n. 8.666/1993 permitia a contratação direta de organizações sociais. Entretanto, a nova Lei de Licitações não replica tal dispositivo, levando-nos à conclusão de que, agora, a licitação é obrigatória para selecionar a organização social que desempenhará a atividade em nome do Estado.

A segunda possibilidade de parceria foi autorizada pela Lei n. 9.790, de 23 de março de 1999 (Brasil, 1999c), possibilitando a qualificação de pessoas jurídicas de direito privado, sem fins lucrativos, como **organizações da sociedade civil de interesse público** (OSCIP). A finalidade é que a entidade assim qualificada desempenhe serviço de utilidade pública, nos termos do art. 3º do referido diploma legal[14].

A qualificação como OSCIP é adquirida junto ao Ministério da Justiça. Após o processo de licitação, a entidade firmará com a Administração Pública um **termo de parceria**, viabilizando o repasse de recursos orçamentários, de acordo com o art. 10 da Lei 9.790/1999.

Para completar o sistema, a Lei n. 13.019, de 31 de julho de 2014 (Brasil, 2014a), já alterada pela Lei n. 13.204/2015, viabiliza as parcerias entre a Administração Pública e as **organizações da sociedade civil** (OSC).

Nos termos do inciso I do art. 2º do referido diploma legal, pode ser considerada como OSC:

---

14 "Art. 3º A qualificação instituída por esta Lei, observado em qualquer caso, o princípio da universalização dos serviços, no respectivo âmbito de atuação das Organizações, somente será conferida às pessoas jurídicas de direito privado, sem fins lucrativos, cujos objetivos sociais tenham pelo menos uma das seguintes finalidades: I – promoção da assistência social; II – promoção da cultura, defesa e conservação do patrimônio histórico e artístico; III – promoção gratuita da educação, observando-se a forma complementar de participação das organizações de que trata esta Lei; IV – promoção gratuita da saúde, observando-se a forma complementar de participação das organizações de que trata esta Lei; V – promoção da segurança alimentar e nutricional; VI – defesa, preservação e conservação do meio ambiente e promoção do desenvolvimento sustentável; VII – promoção do voluntariado; VIII – promoção do desenvolvimento econômico e social e combate à pobreza; IX – experimentação, não lucrativa, de novos modelos socioprodutivos e de sistemas alternativos de produção, comércio, emprego e crédito; X – promoção de direitos estabelecidos, construção de novos direitos e assessoria jurídica gratuita de interesse suplementar; XI – promoção da ética, da paz, da cidadania, dos direitos humanos, da democracia e de outros valores universais; XII – estudos e pesquisas, desenvolvimento de tecnologias alternativas, produção e divulgação de informações e conhecimentos técnicos e científicos que digam respeito às atividades mencionadas neste artigo. XIII – estudos e pesquisas para o desenvolvimento, a disponibilização e a implementação de tecnologias voltadas à mobilidade de pessoas, por qualquer meio de transporte" (Brasil, 1999c).

a) entidade privada sem fins lucrativos que não distribua entre os seus sócios ou associados, conselheiros, diretores, empregados, doadores ou terceiros eventuais resultados, sobras, excedentes operacionais, brutos ou líquidos, dividendos, isenções de qualquer natureza, participações ou parcelas do seu patrimônio, auferidos mediante o exercício de suas atividades, e que os aplique integralmente na consecução do respectivo objeto social, de forma imediata ou por meio da constituição de fundo patrimonial ou fundo de reserva;

b) as sociedades cooperativas previstas na Lei nº 9.867, de 10 de novembro de 1999; as integradas por pessoas em situação de risco ou vulnerabilidade pessoal ou social; as alcançadas por programas e ações de combate à pobreza e de geração de trabalho e renda; as voltadas para fomento, educação e capacitação de trabalhadores rurais ou capacitação de agentes de assistência técnica e extensão rural; e as capacitadas para execução de atividades ou de projetos de interesse público e de cunho social.

c) as organizações religiosas que se dediquem a atividades ou a projetos de interesse público e de cunho social distintas das destinadas a fins exclusivamente religiosos. (Brasil, 2014a)

Ao contrário da parceria celebrada com OS ou OSCIP, a parceria celebrada com OSC não necessita de qualificação prévia. Entretanto, a entidade interessada que se enquadra nos parâmetros do supramencionado dispositivo deve atender a um chamamento público. Esse procedimento pode ser dispensado, nas hipóteses do art. 30[15], ou ser inexigível, nos termos dos arts. 29[16] e 31[17] da Lei n. 13.019/2014.

Além disso, o art. 18 do referido diploma legal dispõe sobre a possibilidade de realização de um "procedimento de manifestação de interesse social" (Brasil, 2014a), viabilizando que organizações da sociedade civil, movimentos sociais e cidadãos apresentem "propostas ao poder público para que este avalie a possibilidade de realização de um chamamento público objetivando a celebração de parceria" (Brasil, 2014a). Com a efetivação

---

15 "Art. 30. A administração pública poderá dispensar a realização do chamamento público: I – no caso de urgência decorrente de paralisação ou iminência de paralisação de atividades de relevante interesse público, pelo prazo de até cento e oitenta dias; II – nos casos de guerra, calamidade pública, grave perturbação da ordem pública ou ameaça à paz social; III – quando se tratar da realização de programa de proteção a pessoas ameaçadas ou em situação que possa comprometer a sua segurança; IV – (VETADO). V – (VETADO); VI – no caso de atividades voltadas ou vinculadas a serviços de educação, saúde e assistência social, desde que executadas por organizações da sociedade civil previamente credenciadas pelo órgão gestor da respectiva política" (Brasil, 2014a).

16 "Art. 29. Os termos de colaboração ou de fomento que envolvam recursos decorrentes de emendas parlamentares às leis orçamentárias anuais e os acordos de cooperação serão celebrados sem chamamento público, exceto, em relação aos acordos de cooperação, quando o objeto envolver a celebração de comodato, doação de bens ou outra forma de compartilhamento de recurso patrimonial, hipótese em que o respectivo chamamento público observará o disposto nesta Lei" (Brasil, 2014a).

17 "Art. 31. Será considerado inexigível o chamamento público na hipótese de inviabilidade de competição entre as organizações da sociedade civil, em razão da natureza singular do objeto da parceria ou se as metas somente puderem ser atingidas por uma entidade específica, especialmente quando: I – o objeto da parceria constituir incumbência prevista em acordo, ato ou compromisso internacional, no qual sejam indicadas as instituições que utilizarão os recursos; II – a parceria decorrer de transferência para organização da sociedade civil que esteja autorizada em lei na qual seja identificada expressamente a entidade beneficiária, inclusive quando se tratar da subvenção prevista no inciso I do § 3º do art. 12 da Lei nº 4.320, de 17 de março de 1964, observado o disposto no art. 26 da Lei Complementar nº 101, de 4 de maio de 2000" (Brasil, 2014a).

desse procedimento, o chamamento público pode ocorrer conforme a discricionariedade da Administração Pública.

Por fim, após a realização do chamamento público, a parceria com a OSC selecionada pode dar origem aos seguintes instrumentos de formalização:

- termo de colaboração: quando a parceria é proposta pela Administração Pública e há transferência de recursos públicos;
- termo de fomento: quando a parceria é proposta mediante procedimento de manifestação de interesse social, havendo transferência de recursos públicos;
- acordo de cooperação: quando não há transferência de recursos financeiros, independentemente de quem propôs a parceria.

Capítulo 5

Serviços públicos em espécie

Neste capítulo, analisaremos o regime jurídico dos serviços públicos que têm relação intrínseca com a dignidade humana, quais sejam: saúde, educação, energia elétrica e saneamento.

— 5.1 —
Saúde

A saúde, além de direito social, nos termos do art. 6º do texto constitucional, apresenta uma dimensão subjetiva cuja titularidade pertence a todos os brasileiros, constituindo-se em um dever do Estado, conforme exposto no art. 196 da Constituição Federal de 1988: "A saúde é direito de todos e dever do Estado, garantido mediante políticas sociais e econômicas que visem à redução do risco de doença e de outros agravos e ao acesso universal e igualitário às ações e serviços para sua promoção, proteção e recuperação" (Brasil, 1988).

O direito à saúde compreende o direito de estar saudável e o direito de prevenção. Mas não só isso. Para Luiz Alberto David Araújo (1994, p. 53-54), o direito à saúde também "engloba o direito a habilitação e à reabilitação, devendo-se entender a saúde como o estado físico e mental que possibilita ao indivíduo ter uma vida normal, integrada socialmente".

O direito à saúde pode ser vislumbrado sob uma perspectiva individual, mas também a partir de dada coletividade. Nesse contexto, impõe ao Estado a adoção de medidas negativas e positivas:

> Embora o preceito [art. 196 da CF] enfatize a perspectiva do direito à Saúde enquanto direito a prestações públicas (ações e serviços de promoção, proteção e recuperação), não exclui a primeira perspectiva, do cidadão não ter a sua Saúde agredida por ações do Estado ou de particulares. Há, pois, um direito a prestações negativas do Poder Público e da sociedade, que devem se abster de praticar atos que ponham em risco a Saúde. (Weichert, 2004, p. 23)

Desse modo, além de o Estado se abster de praticar condutas nocivas à saúde dos indivíduos, deve coibir que os particulares o façam. O exercício dessa fiscalização atualmente compete à Agência Nacional de Vigilância Sanitária (Anvisa), que, nos termos do art. 6º da Lei n. 9.782, de 26 de janeiro de 1999 (Brasil, 1999a), tem por finalidade institucional a promoção da proteção da saúde da população por meio de controle sanitário de prestação de serviços e produtos e da comercialização destes.

Entretanto, o enfoque do art. 196 do texto constitucional se volta para o caráter prestacional do direito subjetivo à saúde. Assim, as condições materiais devem ser ofertadas mediante serviço público, que, em relação ao direito à saúde, assume relevância pública, consoante o art. 197 da Constituição de 1988.

Essa relevância é constatada tendo em vista o fato de que o serviço público de saúde tutela o direito à vida e à integridade física. Por conseguinte, não há outra conclusão a não ser a de qualificar o direito à saúde como direito subjetivo, o que autoriza o Poder Judiciário a tutelá-lo independentemente da regulamentação legislativa ou administrativa.

Marlon Alberto Weichert (2004, p. 135) sintetiza as consequências jurídicas de atribuir a um serviço público a relevância pública:

> (a) na consideração da sua essencialidade à sociedade, (b) na obrigação do Poder Público em prestigiá-lo quando objeto de Serviço público, (c) na submissão da iniciativa privada à regulamentação, fiscalização e controle do Poder Público, (d) na autoexecutoriedade dos atos das autoridades sanitárias, e (e) na legitimidade do Ministério Público para zelar, inclusive judicialmente, pela sua adequada prestação, especialmente na observância dos direitos constitucionais.

Ainda nos termos do art. 196 do texto constitucional federal, há duas normas a serem observadas no momento da concretização do serviço público de saúde: a universalidade e a igualdade.

Pela universalidade, o aparato destinado à prestação do serviço de saúde deve atender toda a população. Isso significa que o Estado não pode limitar suas ações às pessoas que tenham baixo poder aquisitivo ou, ainda, que contribuam de alguma forma para a seguridade social. Com efeito, seja por medidas preventivas ou curativas, as ações estatais devem abarcar toda a população, a não ser quando destinadas a um grupo social, em razão de doenças específicas (Weichert, 2004).

Pelo princípio da universalidade, também é possível inferir que o atendimento público deve ocorrer de forma gratuita, embora a Constituição não tenha estipulado tal direito de forma explícita (Weichert, 2004). Entretanto, não pode o legislador dispor em contrário, sob pena de infringir o princípio da vedação de retrocesso (Sarlet; Mitidiero; Marinoni, 2021).

A efetivação da igualdade, a partir do serviço de saúde, pressupõe a promoção de ações estatais nas áreas com maior carência desses serviços. Trata-se da busca pela isonomia sob o aspecto material.

Novamente, as lições de Weichert (2004, p. 160) são úteis para sintetizar o conteúdo jurídico da universalidade e da igualdade aplicados aos serviços de saúde, pois estes "revelam a todos os cidadãos um direito subjetivo de ser atendido em todo e qualquer Serviço público de Saúde, independentemente de sua condição física, social, racial, econômica etc.".

A competência para a prestação desse serviço público, conforme prevê o art. 23, inciso II, do texto constitucional federal, cabe à União, aos estados, ao Distrito Federal e aos municípios, o que demanda cooperação entre os entes da federação para a prestação do serviço público de saúde. A União, com base na competência atribuída pelo art. 24, inciso XII, da Constituição, estabeleceu as normas gerais acerca do serviço público de saúde por intermédio da Lei n. 8.080, de 19 de setembro de 1990 (Brasil, 1990b).

Em atendimento aos pressupostos da descentralização, da regionalização e da hierarquização presentes no art. 198 da Constituição, o Sistema Único de Saúde (SUS) foi criado com o objetivo de articular todos os serviços de saúde do país, com a atuação de forma coordenada da União, dos estados, do Distrito Federal e dos municípios.

Assim, em razão da descentralização e da regionalização, cada vez mais a execução dos serviços por parte dos municípios, tendo em vista o fato de que estes representam o ente político que dispõe das melhores condições para constatar as necessidades da população (Weichert, 2004).

É o que se verifica a partir do art. 10 da Lei n. 8.080/1990:

> Art. 10. Os municípios poderão constituir consórcios para desenvolver em conjunto as ações e os serviços de Saúde que lhes correspondam.
>
> § 1º Aplica-se aos consórcios administrativos intermunicipais o princípio da direção única, e os respectivos atos constitutivos disporão sobre sua observância.
>
> § 2º No nível municipal, o Sistema Único de Saúde (SUS), poderá organizar-se em distritos de forma a integrar e articular recursos, técnicas e práticas voltadas para a cobertura total das ações de Saúde. (Brasil, 1990b)

Ao tratar da competência municipal para realizar a gestão de saúde, Adriane Medianeira Toaldo (2020, p. 59) assim leciona:

Nos municípios, de uma forma geral, os serviços são divididos em: atenção básica, que incluem os agentes comunitários de saúde, as unidades básicas de saúde (UBS), os postos de Estratégia de Saúde da Família e unidades de atendimento específicas de determinadas especialidades; nos serviços de atenção especializada, incluem os Centros de Atendimento Psicossocial, o atendimento aos usuários do Cartão do SUS, a Farmácia Municipal, o atendimento ao trabalhador e a vigilância sanitária. O município desenvolve, ainda, diversos programas de atendimento à população, como o SAMU, Programa de Prevenção à Violência (PPV), Programa Primeira Infância Melhor (PIM), Programa Saúde em sua Casa.

O art. 7º da Lei n. 8.080/1990, além de arrolar os princípios da universalidade, da igualdade, da regionalização e da hierarquização, já comentados, enumera outros a serem observados pelos entes políticos no momento da implementação das ações de saúde.

A esse respeito, merecem destaque os seguintes incisos: "II – integralidade de assistência, entendida como conjunto articulado e contínuo das ações e serviços preventivos e curativos, individuais e coletivos, exigidos para cada caso em todos os níveis de complexidade do sistema" (Brasil, 1990b); "VIII – participação da comunidade" (Brasil, 1990b); além da recente inclusão do inciso XIV pela Lei n. 13.427, de 30 de março de 2017: "Organização de atendimento público específico e especializado para mulheres e vítimas de violência doméstica em geral, que garanta, entre outros, atendimento, acompanhamento psicológico e cirurgias plásticas reparadoras, em conformidade com a Lei nº 12.845, de 1º de agosto de 2013" (Brasil, 2017a).

A integralidade da assistência pressupõe que o cidadão deve ter acesso a qualquer tipo de tratamento, independentemente da complexidade e dos custos. No entanto, a realidade não condiz com os tratamentos constitucional e legal sobre a matéria, ante a aplicação do corolário da reserva do possível.

Inclusive, questão extremamente delicada é esta que versa sobre o financiamento do SUS. Ao contrário do serviço público de educação, quanto à saúde a Constituição não impõe de forma taxativa os percentuais mínimos a serem aplicados. Apenas dispõe, no parágrafo 2º do art. 198, que "recursos mínimos" devem ser aplicados com base no produto da arrecadação dos tributos de todos os entes da federação. O percentual desses recursos mínimos foi definido pela via legislativa somente em 13 de janeiro de 2012, com a publicação da Lei Complementar n. 141, nos seguintes termos:

> Art. 5º A **União** aplicará, anualmente, em ações e serviços públicos de saúde, o montante correspondente ao **valor empenhado no exercício financeiro anterior**, apurado nos termos desta Lei Complementar, acrescido de, no mínimo, **o percentual correspondente à variação nominal do Produto Interno Bruto** (PIB) ocorrida no ano anterior ao da lei orçamentária anual. [...]

Art. 6º **Os Estados e o Distrito Federal** aplicarão, anualmente, em ações e serviços públicos de saúde, no mínimo, **12% (doze por cento) da arrecadação dos impostos** a que se refere o art. 155 e dos recursos de que tratam o art. 157, a alínea "a" do inciso I e o inciso II do caput do art. 159, todos da Constituição Federal, deduzidas as parcelas que forem transferidas aos respectivos Municípios. [...]

Art. 7º Os **Municípios e o Distrito Federal** aplicarão anualmente em ações e serviços públicos de saúde, no mínimo, **15% (quinze por cento) da arrecadação dos impostos** a que se refere o art. 156 e dos recursos de que tratam o art. 158 e a alínea "b" do inciso I do caput e o § 3º do art. 159, todos da Constituição Federal. (Brasil, 2012a, grifo nosso)

É importante ressaltar que, embora referida lei tenha atrelado a aplicação dos percentuais destinados à saúde ao PIB, caso este tenha variação negativa, os valores aplicados não poderão ser reduzidos em termos nominais, nos termos do parágrafo 2º do art. 5º da Lei Complementar n. 141/2012.

Por fim, caso os estados, o Distrito Federal e os municípios não cumpram com os percentuais legais, caberá, respectivamente, intervenção federal e estadual, de acordo com o art. 34, inciso VII, alínea "e" e art. 35, inciso III, da Constituição Federal.

5.1.1
Execução do serviço público de saúde

A Lei n. 8.080/1990 regulamentou a forma de execução do serviço público de saúde. Em síntese, os entes federativos devem cooperar entre si nos seguinte termos (Figura 5.1):

Figura 5.1 – Competências dos entes federativos no âmbito do SUS

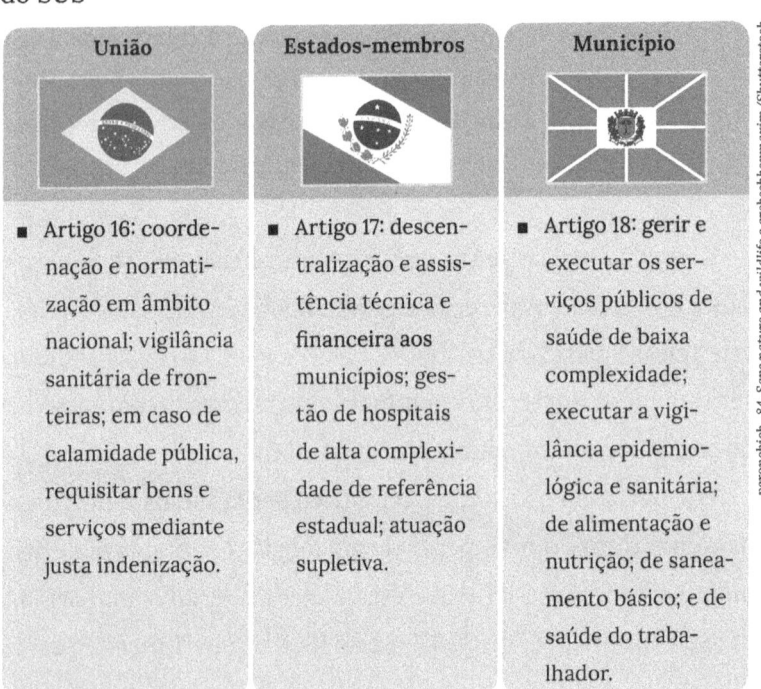

União	Estados-membros	Município
■ Artigo 16: coordenação e normatização em âmbito nacional; vigilância sanitária de fronteiras; em caso de calamidade pública, requisitar bens e serviços mediante justa indenização.	■ Artigo 17: descentralização e assistência técnica e financeira aos municípios; gestão de hospitais de alta complexidade de referência estadual; atuação supletiva.	■ Artigo 18: gerir e executar os serviços públicos de saúde de baixa complexidade; executar a vigilância epidemiológica e sanitária; de alimentação e nutrição; de saneamento básico; e de saúde do trabalhador.

Fonte: Elaborado com base em Brasil, 1990b.

Nesse contexto, é possível constatar que a União detém a atribuição de realizar a coordenação e a normatização nacionalmente por meio do Ministério da Saúde; aos estados-membros, cabe a gestão regional, por intermédio da Secretaria Estadual de Saúde; e os municípios ficam responsáveis pela execução dos serviços de baixa complexidade, tendo como órgão gestor a Secretaria Municipal de Saúde.

Ademais, ressaltamos que o instituto do convênio, previsto no parágrafo único do art. 24[1] da Lei n. 8.080/1990, vem sendo amplamente utilizado para ampliar a cobertura do SUS em todo o território nacional. Por meio de convênio, o particular interessado pode credenciar-se para prestar o serviço público. Em contrapartida, o SUS realiza o pagamento das prestações com base na tabela aprovada pelo Conselho Nacional de Saúde (CNS)[2]. Além disso, as entidades filantrópicas e sem fins lucrativos têm preferência no referido credenciamento[3].

---

1 "Art. 24. Quando as suas disponibilidades forem insuficientes para garantir a cobertura assistencial à população de uma determinada área, o Sistema Único de Saúde (SUS) poderá recorrer aos serviços ofertados pela iniciativa privada. Parágrafo único. A participação complementar dos serviços privados será formalizada mediante contrato ou convênio, observadas, a respeito, as normas de direito público" (Brasil, 1990b).

2 Nos termos do art. 26 da Lei n. 8.080/1990: "Os critérios e valores para a remuneração de serviços e os parâmetros de cobertura assistencial serão estabelecidos pela direção nacional do Sistema Único de Saúde (SUS), aprovados no Conselho Nacional de Saúde. § 1º Na fixação dos critérios, valores, formas de reajuste e de pagamento da remuneração aludida neste artigo, a direção nacional do Sistema Único de Saúde (SUS) deverá fundamentar seu ato em demonstrativo econômico-financeiro que garanta a efetiva qualidade de execução dos serviços contratados. § 2º Os serviços contratados submeter-se-ão às normas técnicas e administrativas e aos princípios e diretrizes do Sistema Único de Saúde (SUS), mantido o equilíbrio econômico e financeiro do contrato. § 3º (Vetado). § 4º Aos proprietários, administradores e dirigentes de entidades ou serviços contratados é vedado exercer cargo de chefia ou função de confiança no Sistema Único de Saúde (SUS)" (Brasil, 1990b).

3 Conforme exposto no art. 25 da Lei n. 8.080/1990: "Na hipótese do artigo anterior, as entidades filantrópicas e as sem fins lucrativos terão preferência para participar do Sistema Único de Saúde (SUS)" (Brasil, 1990b).

— 5.1.2 —
Temas de repercussão geral sobre saúde

Até o presente, o Supremo Tribunal Federal (STF) já se manifestou sobre o serviço público de saúde nos seguintes temas:

- Tema 6: "Dever do Estado de fornecer medicamento de alto custo a portador de doença grave que não possui condições financeiras para comprá-lo" (Brasil, 2020n).
- Tema 289: "Bloqueio de verbas públicas para garantia de fornecimento de medicamentos" (Brasil, 2017c).
- Tema 345: "Ressarcimento ao Sistema Único de Saúde – SUS das despesas com atendimento a beneficiários de planos privados de saúde" (Brasil, 2020o).
  - Tese: "É constitucional o ressarcimento previsto no art. 32 da Lei 9.656/98, o qual é aplicável aos procedimentos médicos, hospitalares ou ambulatoriais custeados pelo SUS e posteriores a 1.9.1998, assegurados o contraditório e a ampla defesa, no âmbito administrativo, em todos os marcos jurídicos" (Brasil, 2020o).
- Tema 579: "Melhoria do tipo de acomodação de paciente internado pelo Sistema Único de Saúde–SUS mediante o pagamento da diferença respectiva" (Brasil, 2016c). Recurso extraordinário em que se discute, à luz do art. 196 da Constituição Federal, a possibilidade ou não de melhoria do tipo de acomodação oferecida a paciente internado pelo SUS mediante pagamento da diferença entre os valores correspondentes.

- Tese: "É constitucional a regra que veda, no âmbito do Sistema Único de Saúde, a internação em acomodações superiores, bem como o atendimento diferenciado por médico do próprio Sistema Único de Saúde, ou por médico conveniado, mediante o pagamento da diferença dos valores correspondentes" (Brasil, 2016c).
- Tema 698: "Limites do Poder Judiciário para determinar obrigações de fazer ao Estado, consistentes na realização de concursos públicos, contratação de servidores e execução de obras que atendam o direito social da saúde, ao qual a Constituição da República garante especial proteção" (Brasil, 2020q).
- Tese: "É lícito ao Poder Judiciário impor à Administração Pública obrigação de fazer consistente na realização de concurso público de provas e títulos para provimento dos cargos de médico e funcionários técnicos, seguido da nomeação e posse dos profissionais aprovados, bem como determinar a correção de procedimentos e o saneamento de irregularidades apontadas em relatório do Conselho Regional de Medicina" (Brasil, 2020q).
- Tema 793: "Responsabilidade solidária dos entes federados pelo dever de prestar assistência à saúde" (Brasil, 2019h).
  - Tese: "Os entes da federação, em decorrência da competência comum, são solidariamente responsáveis nas demandas prestacionais na área da saúde, e diante dos critérios constitucionais de descentralização e

hierarquização, compete à autoridade judicial direcionar o cumprimento conforme as regras de repartição de competências e determinar o ressarcimento a quem suportou o ônus financeiro" (Brasil, 2019h).

- Tema 818: "Controle judicial relativo ao descumprimento da obrigação dos entes federados na aplicação dos recursos orçamentários mínimos na área da saúde, antes da edição da lei complementar referida no art. 198, § 3º, da Constituição" (Brasil, 2021k).
- Tema 952: "Conflito entre a liberdade religiosa e o dever do Estado de assegurar prestações de saúde universais e igualitárias" (Brasil, 2018b).
- Tema 1.033: "Saber se a imposição de pagamento pelo Poder Público de preço arbitrado pela unidade hospitalar, para ressarcir serviços de saúde prestados por força de decisão judicial, viola o regime de contratação da rede complementar de saúde pública (art. 199, §§ 1º e 2º, da CF/1988)" (Brasil, 2021i).

Cumpre ressaltar que o mérito do Recurso Extraordinário da Repercussão Geral n. 6 foi julgado em 16 de março de 2020. Entretanto, até o momento, a tese não foi elaborada.

Já os recursos extraordinários que servem de *leading case* das repercussões gerais n. 289, 818, 952 e 1.033 ainda estão pendentes de julgamento.

— 5.2 —
Educação

A educação é o direito fundamental social, de cunho prestacional, que tem como pilares a cidadania e a dignidade da pessoa humana. Trata-se de um serviço público que deve ser prestado pelo Estado, independentemente de qualquer contraprestação, pois sem educação não há a construção de uma sociedade livre, justa e solidária, tampouco desenvolvimento nacional e, especialmente, erradicação da pobreza e da marginalização. Sem educação, não é possível a promoção do bem de todos sem qualquer tipo de preconceito[14].

Desse modo, a educação serve de instrumental necessário para a realização da cidadania material, ou seja, com ela o indivíduo passa a tomar consciência de seu papel no processo democrático, exercendo "os direitos que decorrem da situação de peça ativa da realidade que o circunda" (Souza, 2004, p. 232). Sem educação, não há cidadania ou, no máximo, esta é vislumbrada apenas sob o aspecto formal, notadamente no momento do exercício do direito/dever de votar.

---

4 Tais são os objetivos da República Federativa do Brasil, esculpidos no art. 3º da Constituição de 1988.

A finalidade, constante no art. 205 do texto constitucional, é proporcionar ao indivíduo as condições necessárias para o exercício da cidadania e para o mercado de trabalho[15]. Na intenção de findar com o círculo vicioso de produção de ignorância, a Constituinte de 1988 incumbiu ao Estado o dever de prestar o serviço público de educação nos seguintes termos:

> Art. 206. O ensino será ministrado com base nos seguintes princípios:
>
> I – igualdade de condições para o acesso e permanência na escola;
>
> II – liberdade de aprender, ensinar, pesquisar e divulgar o pensamento, a arte e o saber;
>
> III – pluralismo de ideias e de concepções pedagógicas, e coexistência de instituições públicas e privadas de ensino;
>
> IV – gratuidade do ensino público em estabelecimentos oficiais;
>
> V – valorização dos profissionais da educação escolar, garantidos, na forma da lei, planos de carreira, com ingresso exclusivamente por concurso público de provas e títulos, aos das redes públicas;

---

[5] Nesse ponto, a Constituinte de 1988 procurou agradar os dois lados que debatem sobre os fins da educação. De um lado, a corrente civil democrática, que encara a educação como um processo de formação da cidadania. Por essa vertente, o propósito educacional deve ser o de proporcionar às classes menos abastadas a tomada da consciência, permitindo o engajamento em movimentos sociais, com o consequente alcance da liberdade e da igualdade. Por outro lado, a visão produtivista, que preconiza a educação escolar como uma preparação para o mercado de trabalho. Segundo Paul Singer (1996, p. 6), tal visão "promove o aumento da produtividade, que seria o fator mais importante para elevar o produto social e dessa maneira eliminar a pobreza". Essa visão produtivista nasceu a partir da crítica neoliberal aos serviços sociais do Estado, atacando o paternalismo, a ineficiência e o corporativismo estatais.

VI – gestão democrática do ensino público, na forma da lei;

VII – garantia de padrão de qualidade.

VIII – piso salarial profissional nacional para os profissionais da educação escolar pública, nos termos de lei federal.

IX – garantia do direito à educação e à aprendizagem ao longo da vida.

Parágrafo único. A lei disporá sobre as categorias de trabalhadores considerados profissionais da educação básica e sobre a fixação de prazo para a elaboração ou adequação de seus planos de carreira, no âmbito da União, dos Estados, do Distrito Federal e dos Municípios. (Brasil, 1988)

Por conseguinte, a Constituição impõe ao Estado o dever de proporcionar o ensino fundamental de forma gratuita para todos, incluindo aqueles que não tiveram acesso na idade apropriada. Aliás, o próprio texto constitucional elevou o ensino fundamental obrigatório gratuito à categoria de direito público subjetivo no parágrafo 1º do art. 208. Em uma simples interpretação literal, poderíamos imaginar que o direito subjetivo à educação comportaria apenas e tão somente a oferta gratuita do ensino fundamental. Mas uma interpretação extensiva faz-se necessária, em homenagem aos fundamentos da República Federativa do Brasil, quais sejam: cidadania, dignidade da pessoa humana, valores sociais do trabalho e da livre iniciativa e pluralismo político.

Desse modo, diante dos fundamentos apresentados, o direito subjetivo à educação comporta a matrícula na rede básica de ensino, que compreende não apenas o ensino fundamental, mas também a educação infantil, a educação especial, o ensino fundamental para jovens e adultos e o ensino médio. Sem acesso a essas prestações materiais, o indivíduo se vê excluído, renegado à margem da sociedade, o que é inadmissível em um Estado Democrático de Direito que preconiza a participação política livre, a atuação profissional e consecução de segurança individual e coletiva de forma pacífica (Rocha, 1999).

É importante asseverar que não adianta o Estado garantir a matrícula se os indivíduos não dispõem das condições necessárias para frequentar a escola ou, mesmo, para o aprendizado. O direito subjetivo à educação também compreende o direito à merenda escolar e a assistência à saúde, assim como o direito ao material escolar e ao transporte.

O oferecimento de merenda escolar objetiva manter na escola as crianças cujas famílias não conseguem garantir a alimentação necessária para assegurar o desenvolvimento físico e mental. Em seguida, as assistências odontológicas e médicas buscam manter os indivíduos na escola, atuando de forma preventiva.

A respeito do direito ao material escolar e ao transporte, Maria Cristina de Brito Lima (2003, p. 103) ensina:

> Da mesma forma que os demais direitos já evidenciados, o material didático e o transporte da criança até a escola revestem-se de caráter essencial, pois, sem o material, não há como estimular a criança e fazê-la absorver o conhecimento; sem transporte para levá-la ao encontro do saber, criar-se-á uma dificuldade que poderá impedir a consecução do dever do Estado.

A garantia do padrão de qualidade também é um fator a ser imposto ao Estado no momento da prestação do serviço público de educação, nos termos do art. 206, inciso VI, da Constituição. A educação, com qualidade, é direito subjetivo originário, usufruível pelos indivíduos independentemente de intervenção legislativa e administrativa. Por tal razão, pode ser reclamada perante o Poder Judiciário. Qualquer interpretação diversa simplesmente aniquilaria o conteúdo jurídico do texto constitucional.

Entretanto, mesmo com os instrumentos processuais colocados à disposição do cidadão para buscar a tutela jurisdicional de forma gratuita, o ideal é que haja colaboração entre todos os entes políticos, a fim de que os dispositivos constitucionais e legais sejam concretizados. O art. 212 da Constituição estabelece que a União deve investir, no mínimo, 18%, e os estados e municípios, 25% da receita resultante de impostos na manutenção e desenvolvimento do ensino[16].

O texto constitucional dispõe que o ensino fundamental deve ficar a cargo dos municípios e dos estados-membros. Todavia, isso não significa que a União não tenha de desenvolver qualquer função relacionada ao ensino fundamental; pelo contrário, ela exerce um papel crucial, pois gerencia e complementa o Fundo de Manutenção e Desenvolvimento do Ensino Fundamental e de

---

6   Em caso de descumprimento desses percentuais, o Procurador-Geral da República deverá ajuizar ação direta de inconstitucionalidade interventiva, que, se julgada procedente pelo STF, requisitará ao Presidente da República a intervenção no estado--membro que não cumpriu com seu dever constitucional (art. 34, inciso VII, alínea "e" e art. 36, inciso III, da Constituição). Da mesma forma, pode ocorrer intervenção do estado-membro no município faltante com relação ao percentual constitucional, nos termos do art. 35, inciso III, da Constituição.

Valorização dos Profissionais de Educação (Fundeb), na forma prevista no art.212-A, regulamentado pela Lei n. 14.113, de 25 de dezembro de 2020 (Brasil, 2020c).

Além da criação desse fundo destinado exclusivamente à educação fundamental, a Constituição prevê a possibilidade de tal nível de escolaridade ter como fonte adicional a contribuição social do salário-educação, recolhida pelas empresas, nos termos do parágrafo 5º do art. 212. Inclusive, a Constituição refere-se mais propriamente à educação básica (dos 4 aos 17 anos, nos termos do inciso I do art. 218), compreendendo a educação infantil para crianças com até 5 anos de idade (a cargo dos municípios), além do ensino fundamental e do ensino médio (o primeiro a cargo dos municípios e dos estados-membros, e o segundo, dos estados-membros).

Em termos pedagógicos, a Lei n. 11.274, de 6 de fevereiro de 2006 (Brasil, 2006b), fixou a idade de 6 anos para o início do ensino fundamental e alterou para nove anos seu período de duração. Além disso, os currículos dos ensinos fundamental e médio devem ter uma base nacional comum; entretanto, possibilita-se a adaptação curricular de acordo com as peculiaridades de cada unidade da Federação, nos termos do art. 26 da Lei de Diretrizes e Bases da Educação (Brasil, 1996b) e do art. 210 da Constituição Federal.

O ensino noturno deve proporcionar aos jovens e adultos o acesso ou a continuidade dos estudos nos ensinos fundamental e médio. O ensino médio, por sua vez, deve proporcionar o aprofundamento dos conhecimentos adquiridos no ensino fundamental, com o fito de já preparar o aluno para o mercado de trabalho, além de proporcionar o aprimoramento deste como pessoa.

O ensino médio, da mesma forma que o direito fundamental, deve ser tratado como direito subjetivo, tendo em vista o fato de que a Constituição impõe ao Estado o dever de universalizá-lo, ainda que de forma progressiva.

A educação especial também é dever do Estado e, portanto, é igualmente inquestionável seu caráter de direito subjetivo. O setor público educacional deve proporcionar aos alunos com necessidades especiais as condições necessárias para a integração desses discentes à sociedade, inclusive ao mercado de trabalho.

Já o ensino superior pode ser prestado por quaisquer dos entes políticos. Entretanto, observando-se o fato de que os municípios sequer conseguem universalizar a educação infantil e o ensino fundamental, o ensino superior é prestado primordialmente pela União e pelos estados-membros.

— 5.2.1 —
Execução do serviço público de educação

A Constituição, em seu art. 211, reparte as competências para executar o serviço público de educação nos seguintes termos:

- União: organiza o sistema federal de ensino; financia as instituições de ensino públicas federais; tem função redistributiva e supletiva mediante assistência técnica e financeira aos estados, ao Distrito Federal e aos municípios.
- Estados-membros: atuam prioritariamente nos ensinos fundamental e médio.
- Municípios: atuam prioritariamente no ensino fundamental e na educação infantil.
- Distrito Federal: atua prioritariamente nos ensinos médio e fundamental e na educação infantil.

Por conseguinte, cabe à União realizar a organização de todo o sistema de ensino, além da gestão das instituições federais. Aos estados-membros incumbe o dever de implementar os ensinos fundamental e médio. Já aos municípios cabe a tarefa de concretizar o ensino fundamental e a educação infantil. Por fim, salientamos a dúplice competência do Distrito Federal.

— 5.2.2 —
Temas de repercussão geral sobre educação

Até o presente, o STF manifestou-se sobre a educação nos seguintes temas:

- Tema 822: "Possibilidade de o ensino domiciliar (homeschooling), ministrado pela família, ser considerado meio lícito de cumprimento do dever de educação, previsto no art. 205 da Constituição Federal" (Brasil, 2019i).
    - Tese: "não existe direito público subjetivo do aluno ou de sua família ao ensino domiciliar, inexistente na legislação brasileira" (Brasil, 2019i).
- Tema 958: "Aplicação do art. 2º, § 4º, da Lei federal n. 11.738/2008, que dispõe sobre a composição da carga horária do magistério público nos três níveis da Federação" (Brasil, 2020s).
    - Tese: "É constitucional a norma geral federal que reserva fração mínima de um terço da carga horária dos professores da educação básica para dedicação às atividades extraclasse" (Brasil, 2020s).
- Tema 1.032: "Direito de candidato estrangeiro à nomeação em concurso público para provimento de cargos de professor, técnico e cientista em universidades e instituições de pesquisa científica e tecnológica federais, nos termos do art. 207, § 1º, da Constituição Federal" (Brasil, 2019j).

O Recurso Extraordinário n. 1.177.699, que serve de *leading case* da Repercussão Geral n. 1.32, ainda está pendente de julgamento.

— 5.3 —
Energia elétrica

As políticas adotadas no setor elétrico brasileiro, notadamente nas décadas de 1950, 1960 e 1970, demonstraram uma forte intervenção estatal em todos os seus segmentos: geração, transmissão e distribuição. Nesse período, foram criadas diversas usinas hidrelétricas e sistemas de transmissão. No âmbito estadual, empresas estatais concessionárias tornaram-se distribuidoras de energia elétrica.

Desse modo, o setor elétrico estruturou-se de forma híbrida: de um lado, os sistemas de geração e transmissão ficaram a cargo da União, assim como todo o gerenciamento do sistema, já que se trata de um serviço público de titularidade daquele ente. De outro, a distribuição ficou por conta dos estados-membros e de algumas empresas privadas (Rolim, 2002).

Com a inauguração da Eletrobras, em 1961, a União consolidou o exercício das funções de planejamento e de coordenação de todo o sistema. Ao Departamento Nacional de Águas e Energia Elétrica competia a fiscalização de todos os segmentos do setor.

Esse modelo praticamente permaneceu inalterado até meados da década de 1990, quando os ventos da reforma do Estado assolaram o país. No setor elétrico, as tarifas também eram reprimidas com o intuito de conter o ímpeto inflacionário. Em razão dessa política, as estatais passaram a enfrentar dificuldades para obter financiamentos, o que acarretou, ainda na década de 1980, a paralisação de uma grande quantidade de obras de estruturação. Para coibir essa crise, foi iniciada uma ampla reforma no setor, a partir da promulgação da Lei n. 8.631/1993, com posterior alteração pela Lei n. 9.074/1995 e pela Lei n. 10.438/2002 (Bahiense, 2002).

O processo de privatização das empresas do setor elétrico teve como prioridade as vendas das organizações do segmento de distribuição. Outra decorrência do processo de privatização foi a inclusão de uma nova segmentação ao setor. Além da geração, da transmissão e da distribuição, a comercialização foi criada juntamente ao Mercado Atacadista de Energia Elétrica (MAE), ao novo Operador Nacional do Sistema (ONS) e ao novo ente regulador, a Agência Nacional de Energia Elétrica (ANEEL).

A partir da geração, constata-se também uma segmentação com relação ao regime jurídico do setor: "o de serviço público, voltado para o atendimento de todos os usuários; o de autoprodução, voltado para aqueles que produzem energia que consomem; e mais recentemente o regime de produção independente, que possibilita tanto a comercialização de energia como o seu autoconsumo" (Cunha; Ferreira; Prado, 2003, p. 297).

No caso da geração feita para todos os usuários, a prestação do serviço público é realizada mediante concessão. No que concerne ao regime da autoprodução, os arts. 5º e 7º da Lei n. 9.074, de 7 de julho de 1995 (Brasil, 1995c), fazem uma distinção com relação às hipóteses de concessão e autorização, com base nos seguintes critérios: destinação da energia, capacidade produtiva e fonte de produção. Da mesma forma ocorre no caso do produtor independente, cuja atividade pode ser explorada mediante concessão ou autorização, nos termos dos arts. 6º, 11 e 12 da Lei n. 9.074/1995.

A transmissão de energia elétrica é feita por meio de linhas, cabos e demais equipamentos. Esse segmento submete-se integralmente ao regime do serviço público, e, como bem observa David Waltenberg (2020), no novo modelo, a transmissão deve ser vislumbrada como um segmento neutro. A consequência é que a empresa de transmissão não pode gerar, comprar ou vender, executando apenas e tão somente a transmissão de energia elétrica. Com isso, busca-se uma neutralidade, de modo que os outros setores do segmento não sejam afetados no tocante à competitividade. Para tanto, o custo da transmissão é fixada pela ANEEL (Waltenberg, 2000).

A coordenação entre geração e transmissão é feita pelo ONS, que, entre outras atribuições, determina a forma de funcionamento das usinas e das linhas de transmissão.

A distribuição de energia elétrica também é uma forma de transmissão, mas com tensões menores. O público-alvo são os consumidores residenciais e industriais. A esse respeito, Waltenberg (2020) ensina que nesse segmento houve uma tripartição relacionada ao regime jurídico. O que predomina são as concessões, as quais foram outorgadas às empresas que venceram os leilões das privatizações, mas há ainda:

> o serviço privado, explorado através de autorização de distribuição de energia elétrica, dada a cooperativa de eletrificação rural, restrita ao atendimento aos seus cooperados. E, intermediando esses dois tipos, existe a permissão para serviço público de distribuição de energia elétrica, outorgada às cooperativas que não atendem apenas os seus cooperados, mas também atendem a público distinto. (Waltenberg, 2000, p. 367-368)

A comercialização é a grande novidade introduzida com a reforma do setor. Nos termos do art. 10 do Decreto n. 2.655, de 2 de julho de 1998, a comercialização abarca "as concessões, permissões ou autorizações para a geração, distribuição, importação e exportação de energia elétrica" (Brasil, 1998a). A finalidade da comercialização é proporcionar a venda de energia da forma mais competitiva, entre os agentes contratantes ou por meio do MAE. Entretanto, o próprio parágrafo único do referido dispositivo possibilita que a comercialização ocorra por meio de tarifas homologadas pela ANEEL.

O controle tarifário é apenas uma das funções exercidas pela ANEEL. A regulação exercida por esse ente ocorre em todos os segmentos do setor, cabendo à agência coordenar todas as questões políticas e econômicas, além da imposição de medidas técnicas.

Conforme o art. 3º da Lei n. 9.427, de 26 de dezembro de 1996 (Brasil, 1996c), entre outras atribuições, compete ao órgão regulador solucionar no âmbito administrativo os conflitos entre concessionárias, permissionárias, autorizatárias, produtores independentes e autoprodutores, bem como o conflito desses agentes com os usuários. Tudo com o intuito de garantir a livre concorrência e de zelar "pelos interesses sociais do país, bem como oferecendo segurança e confiabilidade ao setor elétrico" (Cunha; Ferreira; Prado, 2003, p. 301).

— 5.3.1 —
Execução do serviço público de energia elétrica

Graficamente, a execução do serviço público de energia elétrica, nos termos da Lei n. 9.427/1996, pode ser visualizado da seguinte forma (Figura 5.2):

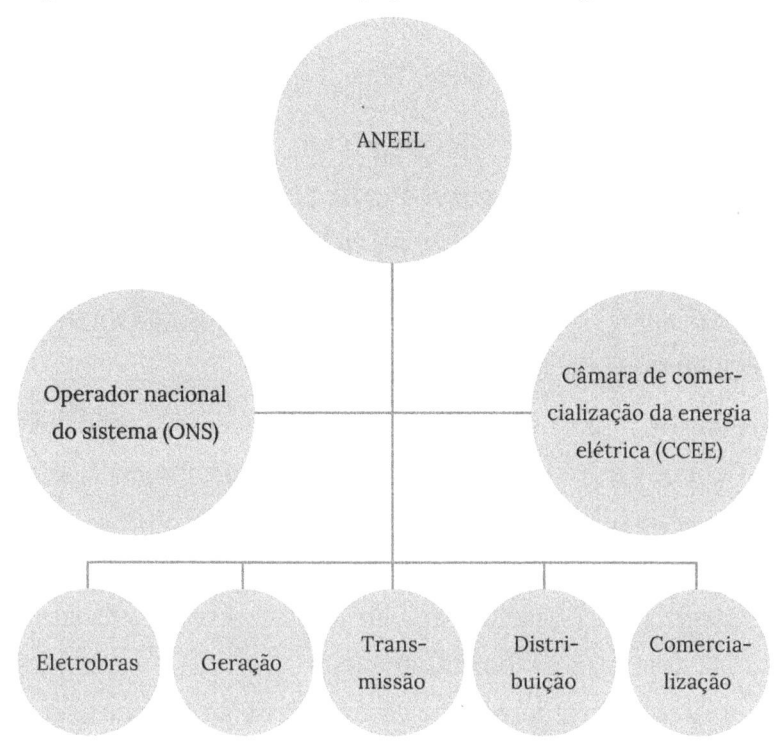

Figura 5.2 – Gestão do serviço público de energia elétrica

```
                    ANEEL
                      |
    ┌─────────────────┼─────────────────┐
Operador nacional                   Câmara de comer-
do sistema (ONS)                    cialização da energia
                                    elétrica (CCEE)
    ┌──────┬──────┬───┴───┬──────┬──────┐
Eletrobras Geração Trans- Distri- Comercia-
                   missão buição  lização
```

Fonte: Elaborado com base em Brasil, 1996c.

Vale ressaltar que a competência constitucional do referido serviço público é exclusiva da União – conforme art. 21, inciso XII, alínea "b" da Constituição. Além de ter delegado para a iniciativa privada a realização dessa atividade, ainda há estatais que integram o sistema (inclusive na distribuição, como é o caso da Companhia Paranaense de Energia – Copel –, no Estado do Paraná[17]).

— 5.3.2 —
Temas que envolvem repercussão geral sobre energia elétrica

Até o presente, o STF manifestou-se sobre energia elétrica nos seguintes temas:

- Tema 413: "Quantum indenizatório de condenação por danos morais e materiais decorrentes da relação entre concessionária de serviço público e consumidor" (Brasil, 2011e).

- Tema 479: "Imposição de obrigação de fazer à concessionária de serviço público para que observe padrão internacional de segurança" (Brasil, 2016d).

- Tese: "No atual estágio do conhecimento científico, que indica ser incerta a existência de efeitos nocivos da exposição ocupacional e da população em geral a campos elétricos, magnéticos e eletromagnéticos gerados por sistemas de energia elétrica, não existem impedimentos, por ora, a que sejam adotados os parâmetros propostos pela

---

7   O art. 1º do Estatuto da Copel estabelece: "A Companhia Paranaense de Energia, abreviadamente 'Copel', é uma sociedade de economia mista de capital aberto, dotada de personalidade jurídica de direito privado, parte integrante da administração indireta do Estado do Paraná, instituída pelo Decreto Estadual nº 14.947/1954, sob autorização da Lei Estadual nº 1.384/1953, e é regida por este Estatuto, pelas Leis Federais nº 6.404/1976 e 13.303/2016 e demais disposições legais aplicáveis" (Paraná, 2021, p. 4).

Organização Mundial de Saúde, conforme estabelece a Lei nº 11.934/2009" (Brasil, 2016d).

- Tema 489: "Responsabilidade solidária da União pelo pagamento de correção monetária integral referente a crédito oriundo de devolução de empréstimo compulsório sobre o consumo de energia elétrica" (Brasil, 2011d).
- Tema 774: "Competência legislativa, se privativa da União ou concorrente, para adoção de política pública dirigida a compelir concessionária de energia elétrica a promover investimentos, com recursos de parcela da receita operacional auferida, voltados à proteção e à preservação ambiental de mananciais hídricos em que ocorrer a exploração" (Brasil, 2021j).
- Tese: "A norma estadual que impõe à concessionária de geração de energia elétrica a promoção de investimentos, com recursos identificados como parcela da receita que aufere, voltados à proteção e à preservação de mananciais hídricos é inconstitucional por configurar intervenção indevida do Estado no contrato de concessão da exploração do aproveitamento energético dos cursos de água, atividade de competência da União, conforme art. 21, XII, 'b', da Constituição Federal" (Brasil, 2021j).
- Tema 845: "Indenização por danos decorrentes da suspensão do fornecimento de energia elétrica por empresa prestadora de serviço público" (Brasil, 2015b).

É importante destacar que, com relação aos *leading cases* discutidos nos temas 413, 489 e 845, o STF entendeu que não há repercussão geral.

— 5.4 —
Saneamento

O Plano Nacional de Saneamento Básico (Planasa), instituído pela Lei n. 6.528, de 11 de maio de 1978 (Brasil, 1978), foi a primeira tentativa de universalização do serviço público de saneamento básico, que ocorreu no final da década de 1970. A partir do referido plano, a União transferiu aos estados-membros a incumbência de executar o serviço público, mantendo a titularidade com os municípios. Desse modo, foram celebrados diversos contratos de concessão entre os municípios e as companhias estaduais de saneamento. Tais contratos estão prestes a findar-se, e a dúvida que causa celeumas nos âmbitos doutrinário e jurisprudencial consiste em identificar o titular do serviço público de saneamento básico a partir do texto constitucional de 1988.

Ao contrário dos serviços públicos de energia elétrica, telecomunicações, gás canalizado e outros tantos, a Constituinte de 1988 não definiu de forma expressa o ente federativo titular do serviço público de saneamento. Mas isso não significa que o assunto não tenha sido tratado em termos constitucionais. Nos arts. 20, inciso III, e 26, inciso I, foi definida a propriedade das águas: à União, pertence as que banham mais de um Estado e que sirvam de limites com outros países; os estados-membros são titulares das águas remanescentes, ou seja, das que não sejam de propriedade da União; com relação às águas municipais, a Constituição é silente.

De acordo com o art. 21, inciso XX, ficou definida a competência da União para instituir as diretrizes para o saneamento básico, assim como, conforme o art. 22, inciso IV, também à União compete a tarefa de legislar sobre águas. O art. 23, inciso IX, estabelece a competência comum administrativa de todos os entes da federação de promover programas sociais com a finalidade de melhorar as condições habitacionais e de saneamento básico.

A discussão desenvolve-se principalmente com base no parágrafo 3º do art. 25 e dos incisos I e V do art. 30 do texto constitucional. Pelo primeiro dispositivo, compete aos estados-membros a instituição de regiões metropolitanas, cuja finalidade é justamente proporcionar a prestação de serviços públicos de cunho regionalizado. Por outro lado, cabe aos municípios legislar sobre os serviços de interesse local, bem como prestá-los. Eis o cerne da questão: a dúvida consiste em saber se o saneamento básico é serviço público de interesse local ou regional.

Rodrigo Pagani de Souza (2005) parte do pressuposto de que a titularidade é do município, ao defender a tese da viabilidade da delegação do serviço de saneamento, por parte do município ao estado-membro, ante a titularidade daquele, por se tratar de interesse local. Ainda, o autor defende que os novos ajustes, celebrados entre os entes políticos referidos, feitos com o término dos contratos de concessão, são constitucionais (Souza, 2005).

Para Carlos Ari Sundfeld (2006), o fato de o estado-membro criar regiões metropolitanas não atribui a titularidade com relação ao serviço. Para o autor, o saneamento é de titularidade municipal, nos termos do art. 30, incisos I e V, do texto constitucional. Caso exista uma região metropolitana, o estado-membro deve tomar as decisões sobre o serviço de saneamento, a fim de beneficiar todos os municípios partícipes.

Caio Tácito, ao esclarecer o assunto por meio de parecer, ensina-nos que, se o município pertencer a uma região metropolitana, a titularidade será do Estado, visto que o interesse local sucumbe ao regional. O autor completa seus ensinamentos da seguinte forma:

> Somente na hipótese comprovada de que os serviços de Saneamento Básico, compreendendo abastecimento de água e tratamento de esgotos, tenham início e término exclusivos no território municipal, caberá ao Município o seu desempenho, sendo, ainda, possível transferi-los ao Estado, mediante convênio-concessão. (Tácito, 2000, p. 310)

Nesse mesmo sentido é o entendimento de Luís Roberto Barroso (2000), para quem a participação de um município em uma região metropolitana é um fato compulsório. Desse modo, por pertencer a uma região instituída pelo estado, competirá a este a titularidade e a prestação dos serviços saneamento. O autor destaca que a única possibilidade de o município reivindicar sua competência seria nas situações em que "os ciclos da água constituíssem um fornecimento isolado e não um sistema integrado juntamente a outros Municípios é que lhes seria legítimo reivindicar a sua competência" (Barroso, 2000, p. 19).

A partir da análise de um caso concreto, Geraldo Ataliba e Rosolea Folgosi (1995, p. 113) também defendem a tese de que a competência dos serviços de saneamento pertence ao Estado:

> Que o Saneamento Básico é de "interesse comum" – nas conurbações da Região Metropolitana de S. Paulo – é indiscutível. No caso específico de Diadema, a circunstância do Município não dispor de água em seu território, nem de locais adequados para deitar seus esgotos – ao lado do preceito do art. 26, I, da Constituição – mais acentua, no plano da realidade concreta (sobre o qual se aplica o direito), o esvaziamento do "interesse local" (quando à matéria em questão), com consequente reforço do "interesse metropolitano" (que é estadual, conforme o preceito constitucional transcrito).

Já para Floriano de Azevedo Marques Neto (2005), as atividades de distribuição de água tratada e de coleta de esgotos são de competência municipal. Entretanto, a adução e a abdução de água, bem como o tratamento da água e de esgoto, em princípio, têm caráter local, mas podem assumir características regionais em razão da configuração hidrográfica do município (Marques Neto, 2005).

No âmbito jurisprudencial, a questão foi debatida por mais de 15 anos na Ação Direta de Inconstitucionalidade n. 1.842, em que foi questionada a constitucionalidade da Lei Complementar n. 87/1997 e da Lei Ordinária n. 2.869/1997, ambas editadas pelo Estado do Rio de Janeiro. O STF definiu que a responsabilidade pela prestação desse serviço público é de interesse comum do estado-membro e do município:

> Nada obstante a competência municipal do poder concedente do serviço público de saneamento básico, o alto custo e o monopólio natural do serviço, além da existência de várias etapas – como captação, tratamento, adução, reserva, distribuição de água e o recolhimento, condução e disposição final de esgoto – que comumente ultrapassam os limites territoriais de um município, indicam a existência de interesse comum do serviço de saneamento básico. A função pública do saneamento básico frequentemente extrapola o interesse local e passa a ter natureza de interesse comum no caso de instituição de regiões metropolitanas, aglomerações urbanas e microrregiões, nos termos do art. 25, § 3º, da Constituição Federal. (Brasil, 2020k)

O STF estabeleceu que o interesse comum não transfere a titularidade da prestação automaticamente para o ente federativo que criou a região metropolitana, muito menos exclui a responsabilidade do município:

A instituição de regiões metropolitanas, aglomerações urbanas ou microrregiões pode vincular a participação de municípios limítrofes, com o objetivo de executar e planejar a função pública do saneamento básico, seja para atender adequadamente às exigências de higiene e saúde pública, seja para dar viabilidade econômica e técnica aos municípios menos favorecidos. Repita-se que este caráter compulsório da integração metropolitana não esvazia a autonomia municipal. **5. Inconstitucionalidade da transferência ao estado-membro do poder concedente de funções e serviços públicos de interesse comum.** O estabelecimento de região metropolitana não significa simples transferência de competências para o estado. O interesse comum é muito mais que a soma de cada interesse local envolvido, pois a má condução da função de saneamento básico por apenas um município pode colocar em risco todo o esforço do conjunto, além das consequências para a saúde pública de toda a região. O parâmetro para aferição da constitucionalidade reside no respeito à divisão de responsabilidades entre municípios e estado. É necessário evitar que o poder decisório e o poder concedente se concentrem nas mãos de um único ente para preservação do autogoverno e da autoadministração dos municípios. Reconhecimento do poder concedente e da titularidade do serviço ao colegiado formado pelos municípios e pelo estado federado. (Brasil, 2020k, grifo do original)

Enquanto o STF não decidia a questão, a União editou a Lei n. 11.445, de 5 de janeiro de 2007 (Brasil, 2007), estabelecendo as diretrizes nacionais para o serviço de saneamento básico, mas sem definir a titularidade do serviço de saneamento. Somente com a Lei n. 14.026, de 15 de julho de 2020, é que foi definida a titularidade do ente responsável, nos seguintes termos:

> Art. 8º Exercem a titularidade dos serviços públicos de saneamento básico:
>
> I – os Municípios e o Distrito Federal, no caso de interesse local;
>
> II – o Estado, em conjunto com os Municípios que compartilham efetivamente instalações operacionais integrantes de regiões metropolitanas, aglomerações urbanas e microrregiões, instituídas por lei complementar estadual, no caso de interesse comum. (Brasil, 2020b)

Ainda no art. 8º, o legislador instituiu que a execução do serviço pode ocorrer de forma associada, tendo como instrumentos o consórcio público ou o convênio de cooperação, inclusive de titularidade somente municipal:

> § 1º O exercício da titularidade dos serviços de saneamento poderá ser realizado também por gestão associada, mediante consórcio público ou convênio de cooperação, nos termos do art. 241 da Constituição Federal, observadas as seguintes disposições:
>
> I – fica admitida a formalização de consórcios intermunicipais de saneamento básico, exclusivamente composto de Municípios, que poderão prestar o serviço aos seus consorciados diretamente, pela instituição de autarquia intermunicipal;

II - os consórcios intermunicipais de saneamento básico terão como objetivo, exclusivamente, o financiamento das iniciativas de implantação de medidas estruturais de abastecimento de água potável, esgotamento sanitário, limpeza urbana, manejo de resíduos sólidos, drenagem e manejo de águas pluviais, vedada a formalização de contrato de programa com sociedade de economia mista ou empresa pública, ou a subdelegação do serviço prestado pela autarquia intermunicipal sem prévio procedimento licitatório. (Brasil, 2020b)

No art. 3º, o legislador federal definiu *saneamento básico* como: o abastecimento de água potável; o esgotamento sanitário; a limpeza urbana e manejo de resíduos sólidos e a drenagem e manejo das águas pluviais urbanas[18].

---

8 "Art. 3º Para fins do disposto nesta Lei, considera-se: I - **saneamento básico**: conjunto de serviços públicos, infraestruturas e instalações operacionais de: a) **abastecimento de água potável**: constituído pelas atividades e pela disponibilização e manutenção de infraestruturas e instalações operacionais necessárias ao abastecimento público de água potável, desde a captação até as ligações prediais e seus instrumentos de medição; b) **esgotamento sanitário**: constituído pelas atividades e pela disponibilização e manutenção de infraestruturas e instalações operacionais necessárias à coleta, ao transporte, ao tratamento e à disposição final adequados dos esgotos sanitários, desde as ligações prediais até sua destinação final para produção de água de reuso ou seu lançamento de forma adequada no meio ambiente; c) **limpeza urbana e manejo de resíduos sólidos**: constituídos pelas atividades e pela disponibilização e manutenção de infraestruturas e instalações operacionais de coleta, varrição manual e mecanizada, asseio e conservação urbana, transporte, transbordo, tratamento e destinação final ambientalmente adequada dos resíduos sólidos domiciliares e dos resíduos de limpeza urbana; e d) **drenagem e manejo das águas pluviais urbanas**: constituídos pelas atividades, pela infraestrutura e pelas instalações operacionais de drenagem de águas pluviais, transporte, detenção ou retenção para o amortecimento de vazões de cheias, tratamento e disposição final das águas pluviais drenadas, contempladas a limpeza e a fiscalização preventiva das redes" (Brasil, 2020b, grifo nosso).

Entre os princípios a serem observados na implementação do saneamento básico, destacam-se a universalização do acesso e a efetiva prestação do serviço[19]. Por conseguinte, constatamos que o legislador se preocupou com o tema ao estabelecer que o ente regulador deve definir tarifas que assegurem o equilíbrio econômico-financeiro e a modicidade tarifária, nos termos do

---

9   "Art. 2º Os serviços públicos de saneamento básico serão prestados com base nos seguintes princípios fundamentais: I – universalização do acesso e efetiva prestação do serviço; II – integralidade, compreendida como o conjunto de atividades e componentes de cada um dos diversos serviços de saneamento que propicie à população o acesso a eles em conformidade com suas necessidades e maximize a eficácia das ações e dos resultados; III – abastecimento de água, esgotamento sanitário, limpeza urbana e manejo dos resíduos sólidos realizados de forma adequada à saúde pública, à conservação dos recursos naturais e à proteção do meio ambiente; IV – disponibilidade, nas áreas urbanas, de serviços de drenagem e manejo das águas pluviais, tratamento, limpeza e fiscalização preventiva das redes, adequados à saúde pública, à proteção do meio ambiente e à segurança da vida e do patrimônio público e privado; V – adoção de métodos, técnicas e processos que considerem as peculiaridades locais e regionais; VI – articulação com as políticas de desenvolvimento urbano e regional, de habitação, de combate à pobreza e de sua erradicação, de proteção ambiental, de promoção da saúde, de recursos hídricos e outras de interesse social relevante, destinadas à melhoria da qualidade de vida, para as quais o saneamento básico seja fator determinante; VII – eficiência e sustentabilidade econômica; VIII – estímulo à pesquisa, ao desenvolvimento e à utilização de tecnologias apropriadas, consideradas a capacidade de pagamento dos usuários, a adoção de soluções graduais e progressivas e a melhoria da qualidade com ganhos de eficiência e redução dos custos para os usuários; IX – transparência das ações, baseada em sistemas de informações e processos decisórios institucionalizados; X – controle social; XI – segurança, qualidade, regularidade e continuidade; XII – integração das infraestruturas e dos serviços com a gestão eficiente dos recursos hídricos; XIII–redução e controle das perdas de água, inclusive na distribuição de água tratada, estímulo à racionalização de seu consumo pelos usuários e fomento à eficiência energética, ao reuso de efluentes sanitários e ao aproveitamento de águas de chuva; XIV – prestação regionalizada dos serviços, com vistas à geração de ganhos de escala e à garantia da universalização e da viabilidade técnica e econômico-financeira dos serviços; XV – seleção competitiva do prestador dos serviços; e XVI – prestação concomitante dos serviços de abastecimento de água e de esgotamento sanitário" (Brasil, 2007; 2020b).

inciso IV do art. 22[10]. Tal medida é extremamente importante, já que o serviço pode ser prestado por um concessionário, nos termos do art. 10[11] da lei supracitada.

— 5.4.1 —
Execução do serviço público de saneamento básico

A execução do saneamento, nos termos da Lei n. 11.445/2007, com as modificações da Lei n. 14.026/2020, pode ser sintetizado nos seguintes termos (Figura 5.3):

---

[10] "Art. 22. São objetivos da regulação: I – estabelecer padrões e normas para a adequada prestação e a expansão da qualidade dos serviços e para a satisfação dos usuários, com observação das normas de referência editadas pela ANA; II – garantir o cumprimento das condições e metas estabelecidas nos contratos de prestação de serviços e nos planos municipais ou de prestação regionalizada de saneamento básico; III – prevenir e reprimir o abuso do poder econômico, ressalvada a competência dos órgãos integrantes do Sistema Brasileiro de Defesa da Concorrência; e **IV – definir tarifas que assegurem tanto o equilíbrio econômico-financeiro dos contratos quanto a modicidade tarifária, por mecanismos que gerem eficiência e eficácia dos serviços e que permitam o compartilhamento dos ganhos de produtividade com os usuários**" (Brasil, 2007; 2020b, grifo nosso).

[11] "Art. 10. A prestação dos serviços públicos de saneamento básico por entidade que não integre a administração do titular depende da celebração de contrato de concessão, mediante prévia licitação, nos termos do art. 175 da Constituição Federal, vedada a sua disciplina mediante contrato de programa, convênio, termo de parceria ou outros instrumentos de natureza precária" (Brasil, 2020b).

Figura 5.3 – Gestão do serviço público de saneamento

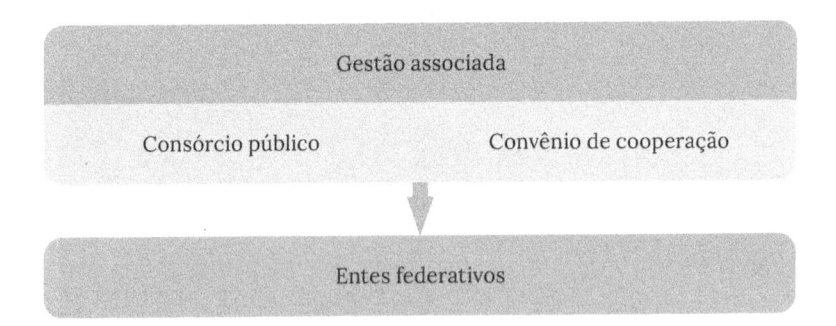

| Estados-membros: interesse comum | Distrito Federal: interesse comum/ interesse local | Municípios: interesse local |

Gestão associada

Consórcio público — Convênio de cooperação

Entes federativos

É importante destacar que a participação da iniciativa privada na execução dessa atividade ainda é incipiente, conforme se depreende do Quadro 5.1:

Quadro 5.1 – Distribuição dos prestadores de serviços de acordo com a abrangência regional e natureza jurídico-administrativa

Abrangência	Natureza Jurídica					
	Administração Direta	Autarquia	Sociedade de Economia Mista	Empresa Pública	Empresa Privada	Organização Social
Regional	0	2	24	1	1	0
Microrregional	0	3	0	0	5	0
Local	996	422	6	5	100	3
Brasil	996	427	30	6	106	3

Fonte: Brasil, 2019a, p. 36.

Com as alterações promovidas pela Lei n. 14.026/2020, espera-se o aumento das delegações do serviço de saneamento para a iniciativa privada, em especial com a definição da competência para delegar tal atividade.

— 5.4.2 —
Jurisprudência do STF sobre saneamento básico

Até o presente, o STF manifestou-se sobre saneamento básico nos seguintes julgados:

> AGRAVO REGIMENTAL NO RECURSO EXTRAORDINÁRIO. SANEAMENTO BÁSICO. MELHORIA DE CONDIÇÕES. ART. 23, IX, DA CONSTITUIÇÃO FEDERAL. COMPETÊNCIAS

MATERIAIS COMUNS À UNIÃO, AOS ESTADOS, AO DISTRITO FEDERAL E AOS MUNICÍPIOS. AÇÃO CIVIL PÚBLICA. POLO PASSIVO. LEGITIMIDADE DO ESTADO MEMBRO. AGRAVO A QUE SE NEGA PROVIMENTO. I – O art. 23, IX, da CF/1988, situa a melhoria de condições de saneamento básico entre as competências materiais comuns à União, aos Estados, ao Distrito Federal e aos Municípios. II – É legítima a figuração do Estado membro no polo passivo da ação civil pública em que se discuta a efetivação de programas de saneamento básico. Precedentes. III – Agravo regimental a que se nega provimento. (Brasil, 2021f)

CONSTITUCIONAL. FEDERALISMO E RESPEITO ÀS REGRAS DE DISTRIBUIÇÃO DE COMPETÊNCIA. NORMAS DA CONSTITUIÇÃO DO ESTADO DA BAHIA, COM REDAÇÃO DADA PELA EMENDA CONSTITUCIONAL 7/1999. COMPETÊNCIAS RELATIVAS A SERVIÇOS PÚBLICOS. OCORRÊNCIA DE USURPAÇÃO DE COMPETÊNCIAS MUNICIPAIS (ART. 30, I E V). PARCIAL PROCEDÊNCIA. 1. As regras de distribuição de competências legislativas são alicerces do federalismo e consagram a fórmula de divisão de centros de poder em um Estado de Direito. Princípio da predominância do interesse. 2. A Constituição Federal de 1988, presumindo de forma absoluta para algumas matérias a presença do princípio da predominância do interesse, estabeleceu, a priori, diversas competências para cada um dos entes federativos – União, Estados-Membros, Distrito Federal e Municípios – e, a partir dessas opções, pode ora acentuar maior centralização de poder, principalmente na própria União (CF, art. 22), ora permitir uma maior descentralização nos Estados-Membros e nos Municípios (CF, arts. 24 e

30, inciso I). 3. O art. 59, V, da legislação impugnada, ao restringir o conceito de "interesse local", interferiu na essência da autonomia dos entes municipais, retirando-lhes a expectativa de estruturar qualquer serviço público que tenha origem ou que seja concluído fora do limite de seu território, ou ainda que demande a utilização de recursos naturais pertencentes a outros entes. 4. O artigo 228, caput e § 1º, da Constituição Estadual também incorre em usurpação da competência municipal, na medida em que desloca, para o Estado, a titularidade do poder concedente para prestação de serviço público de saneamento básico, cujo interesse é predominantemente local. (ADI 1.842, Rel. Min. LUIZ FUX, Rel. P/ acórdão Min. GILMAR MENDES, DJe de 13/9/2013). 5. As normas previstas nos artigos 230 e 238, VI, não apresentam vícios de inconstitucionalidade. A primeira apenas possibilita a cobrança em decorrência do serviço prestado, sem macular regras constitucionais atinentes ao regime jurídico administrativo. A segunda limita-se a impor obrigação ao sistema Único de Saúde de participar da formulação de política e da execução das ações de saneamento básico, o que já é previsto no art. 200, IV, da Constituição Federal. 6. Medida Cautelar confirmada e Ação Direta julgada parcialmente procedente. (Brasil, 2019c)

AÇÃO DIRETA DE INCONSTITUCIONALIDADE. § 3º DO ART. 210-A DA CONSTITUIÇÃO DO PARANÁ, ACRESCENTADO PELA EMENDA CONSTITUCIONAL N. 24/2008. EXIGÊNCIA DE SEREM PRESTADOS OS SERVIÇOS LOCAIS DE SANEAMENTO E ABASTECIMENTO DE ÁGUA POR PESSOA JURÍDICA DE DIREITO PÚBLICO OU SOCIEDADE DE ECONOMIA MISTA SOB CONTROLE ACIONÁRIO E ADMINISTRATIVO DO

ESTADO OU DO MUNICÍPIO. INVASÃO DA COMPETÊNCIA DO MUNICÍPIO PARA LEGISLAR SOBRE ASSUNTOS DE INTERESSE LOCAL: SANEAMENTO BÁSICO. INCS. I E V DO ART. 30 DA CONSTITUIÇÃO DA REPÚBLICA. AÇÃO DIRETA JULGADA PROCEDENTE. (Brasil, 2020i)

COMPETÊNCIA – LICITAÇÃO E CONTRATAÇÕES PÚBLICAS – RESCISÃO – INDENIZAÇÃO – DISCIPLINA. A teor do disposto no artigo 22, inciso XXVII, da Constituição Federal, compete à União a regulação de normas gerais sobre licitação e contratação públicas, abrangidas a rescisão de contrato administrativo e a indenização cabível. CONCESSÃO – SANEAMENTO BÁSICO – MUNICÍPIOS – ORGANIZAÇÃO AUTÔNOMA DE SERVIÇOS DE ÁGUA E ESGOTO – ROMPIMENTO DO AJUSTE – INDENIZAÇÃO – PROJEÇÃO NO TEMPO. Implica ofensa aos princípios ligados à concessão, ao ajuste administrativo, a projeção, no tempo, de pagamento de indenização considerado o rompimento de contrato administrativo, ante a organização, pelo próprio Município, de serviços de água e esgoto. (Brasil, 2014c)

DIREITO CONSTITUCIONAL. AÇÃO DIRETA DE INCONSTITUCIONALIDADE. LEI ESTADUAL. ISENÇÃO DO PAGAMENTO DE ENERGIA ELÉTRICA E ÁGUA POR TRABALHADORES DESEMPREGADOS. 1. Ação direta de inconstitucionalidade que impugna lei do Estado do Rio Grande do Sul que isenta trabalhadores desempregados do pagamento do consumo de energia elétrica e de água pelo período de seis meses. 2. Configurada violação aos arts. 21, XII, b; 22, IV e 30, I e V, CF, pois a lei estadual afronta o esquema de competências legislativa e administrativa previsto na Constituição. 3. Configurada a violação ao art. 175, caput e parágrafo único, I, III, V e ao art. 37, XXI, CF, tendo em vista que a lei estadual interferiu na concessão de serviços públicos federal e municipal, alterando condições da relação contratual que impacta a equação econômico-financeira em desfavor das concessionárias. 4. Medida cautelar confirmada. Ação direta de inconstitucionalidade julgada procedente. (Brasil, 2019f)

AÇÃO DIRETA DE INCONSTITUCIONALIDADE. ESTADO DE SANTA CATARINA. DISTRIBUIÇÃO DE ÁGUA POTÁVEL. LEI ESTADUAL QUE OBRIGA O SEU FORNECIMENTO POR MEIO DE CAMINHÕES-PIPA, POR EMPRESA CONCESSIONÁRIA DA QUAL O ESTADO DETÉM O CONTROLE ACIONÁRIO. DIPLOMA LEGAL QUE TAMBÉM ESTABELECE ISENÇÃO TARIFÁRIA EM FAVOR DO USUÁRIO DOS SERVIÇOS. INADMISSIBILIDADE. INVASÃO DA ESFERA DE COMPETÊNCIA DOS MUNICÍPIOS, PELO ESTADO-MEMBRO. INTERFERÊNCIA NAS RELAÇÕES ENTRE O PODER CONCEDENTE E A EMPRESA CONCESSIONÁRIA. INVIABILIDADE DA ALTERAÇÃO, POR LEI ESTADUAL, DAS CONDIÇÕES PREVISTAS NO CONTRATO DE CONCESSÃO DE SERVIÇO PÚBLICO LOCAL. AÇÃO JULGADA PROCEDENTE. I – Os Estados-membros não podem interferir na esfera das relações jurídico-contratuais estabelecidas entre o poder concedente local e a empresa concessionária, ainda que esta esteja sob o controle acionário daquele. II – Impossibilidade de alteração, por lei estadual, das condições que se acham formalmente estipuladas em contrato de concessão de distribuição de água. III – Ofensa aos arts. 30, I, e 175, parágrafo único, da Constituição Federal. IV – Ação direta de inconstitucionalidade julgada procedente. (Brasil, 2013)

AGRAVO REGIMENTAL NO RECURSO EXTRAORDINÁRIO. AÇÃO CIVIL PÚBLICA. ÁGUAS PLUVIAIS. COMPETÊNCIA COMUM DA UNIÃO, DOS ESTADOS E DOS MUNICÍPIOS. PRINCÍPIO DA SEPARAÇÃO DE PODERES. OFENSA NÃO CONFIGURADA. AGRAVO REGIMENTAL A QUE SE NEGA PROVIMENTO, COM APLICAÇÃO DE MULTA. I – O art. 23, IX, da CF/1988, situa a melhoria de condições de saneamento básico entre as competências materiais comuns à União, aos Estados, ao Distrito Federal e aos Municípios, o que torna, portanto, legítima a figuração do Estado do Acre no polo passivo da ação. II - O Poder Judiciário, em situações excepcionais, pode determinar que a Administração Pública adote medidas assecuratórias de direitos constitucionalmente reconhecidos como essenciais, sem que isso configure violação do princípio da separação de poderes. Precedentes. III – Agravo regimental a que se nega provimento, com aplicação da multa prevista no art. 1.021, § 4º, do CPC. (Brasil, 2020m)

Com relação aos recursos extraordinários n. 1.221.157 e n. 1.266.784, além da ADI n. 2.095, o STF reafirmou a competência comum entre União, estados e municípios para atuar na melhoria da prestação de saneamento básico.

Nas ações diretas de inconstitucionalidade n. 2.077, n. 4.454 e n. 2.340, a corte constitucional reafirmou a competência municipal para legislar sobre saneamento básico. Na ADI n. 2.299, além da competência dos municípios, a corte reafirmou que a matéria também pode ser disciplinada pela União.

Por fim, nos termos da ADI n. 1.746, cabe ao município indenizar o concessionário a partir de rescisão promovida em delegação local do serviço público de saneamento.

Parte II

Poder de polícia

Ricardo Kleine de Maria Sobrinho

Capítulo 6

*Poder de polícia na
Constituição de 1988*

Neste capítulo, estudaremos o poder de polícia, especialmente seu conceito, sua forma de remuneração e as competências para sua instituição e seu exercício.

— 6.1 —
Conceito de poder de polícia

Poder de polícia é a atividade administrativa que tem por finalidade prevenir e reprimir ilícitos administrativos e penais. Essa importante função administrativa do Estado desperta controvérsias doutrinárias e jurisprudenciais, principalmente no que se refere à possibilidade de delegação entre os entes federativos e para os particulares.

Por conseguinte, analisaremos o tratamento jurídico conferido pela Constituição Federal de 1988 a essa função administrativa, além dos limites que lhe são impostos pelo princípio da proporcionalidade. Antes disso, porém, precisamos compreender melhor a definição dessa importante função.

Segundo o conceito legal veiculado no art. 78 do Código Tributário Nacional:

> Art. 78. Considera-se poder de polícia atividade da administração pública que, limitando ou disciplinando direito, interesse ou liberdade, regula a prática de ato ou abstenção de fato, em razão de interesse público concernente à segurança, à higiene, à ordem, aos costumes, à disciplina da produção e do mercado, ao exercício de atividades econômicas dependentes de

concessão ou autorização do Poder Público, à tranquilidade pública ou ao respeito à propriedade e aos direitos individuais ou coletivos. (Brasil, 1966)

Esse conceito, como se vê, não é exatamente o mais preciso, embora toque em diversos pontos fundamentais à compreensão do instituto. Por isso, a doutrina desenvolve conceituações mais precisas, que buscam sintetizar e abranger todas as características do poder de polícia.

Nesse sentido, para precisar melhor o conceito, e como bem anota Celso Antônio Bandeira de Mello (2015, p. 861), *poder de polícia administrativa* é

> a atividade da Administração Pública, expressa em atos normativos ou concretos, de condicionar, com fundamento em sua supremacia geral e na forma da lei, a liberdade e a propriedade dos indivíduos, mediante ação ora fiscalizadora, ora preventiva, ora repressiva, impondo coercitivamente aos particulares um dever de abstenção ('non facere') a fim de conformar-lhes os comportamentos aos interesses sociais consagrados no sistema normativo.

Para Marçal Justen Filho (2016, p. 670), em conceituação mais objetiva e sintética, "o poder de polícia administrativa é a competência para disciplinar o exercício da autonomia privada para a realização de direitos fundamentais e da democracia, segundo os princípios da legalidade e da proporcionalidade".

Com base nesses conceitos, já observamos que o poder de polícia tem ligação com as determinações que o Estado possa impor ao particular no exercício do interesse público (esse conceito é central para o direito administrativo). Em outras palavras, há de se dar atendimento aos princípios regentes e orientadores do Estado brasileiro, sobretudo àqueles enraizados na dignidade da pessoa humana – o que significa não apenas dar atendimento às necessidades coletivas, mas fazê-lo de maneira razoável, proporcional, com foco específico na preservação e na promoção daqueles direitos mínimos garantidores de uma vida digna.

Mas como bem identifica Celso Antônio Bandeira de Mello (2015), a expressão *poder de polícia* pode ser entendida em um sentido mais amplo ou mais restrito, conforme a abrangência de sua aplicação.

- **Sentido amplo**: compreende todas as ações estatais com a finalidade de restringir a liberdade e a propriedade em nome de interesses coletivos, abrangendo, inclusive, a atividade legislativa.
- **Sentido estrito**: refere-se ao exercício da função eminentemente administrativa estatal, pautada na lei, que restringe direitos individuais em nome de interesses sociais.

No primeiro sentido, que é mais amplo, o espaço para a discricionariedade administrativa é maior, ao passo que a segunda situação, mais restrita, tem maior vinculação.

— 6.2 —
Poder de polícia na Constituição de 1988: remuneração do Estado

No desenho do poder de polícia, a Constituição de 1988 estabelece a forma específica pela qual seu exercício possa ser remunerado, impondo tributo específico ao administrado (taxa), cuja competência é instituída no art. 145 do diploma constitucional.

> Art. 145. A União, os Estados, o Distrito Federal e os Municípios poderão instituir os seguintes tributos: [...]
>
> II – taxas, em razão do exercício do poder de polícia ou pela utilização, efetiva ou potencial, de serviços públicos específicos e divisíveis, prestados ao contribuinte ou postos a sua disposição. (Brasil, 1988)

Nesse dispositivo constitucional, que prevê a instituição de taxas pelo Poder Público, verificam-se duas diferentes subespécies de taxa a serem instituídas: (1) aquelas em razão do exercício do poder de polícia; e (2) aquelas em razão da utilização, efetiva ou potencial, de serviço público específico e divisível.

Se traçarmos a regra-matriz de incidência dessas duas subespécies de taxa, verificaremos que a grande diferença entre ambas reside exatamente no aspecto material, que aponta situações diversas. A seguir, apresentamos uma comparação entre as duas regra-matrizes para visualizar com maior facilidade essa diferença (quadros 6.1 e 6.2).

Quadro 6.1 – Comparativo do antecedente das duas espécies de taxas remuneratórias do serviço público I

1. Taxas instituídas em razão do exercício do poder de polícia
2. Taxas instituídas em razão da utilização, efetiva ou potencial, de serviço público específico e divisível

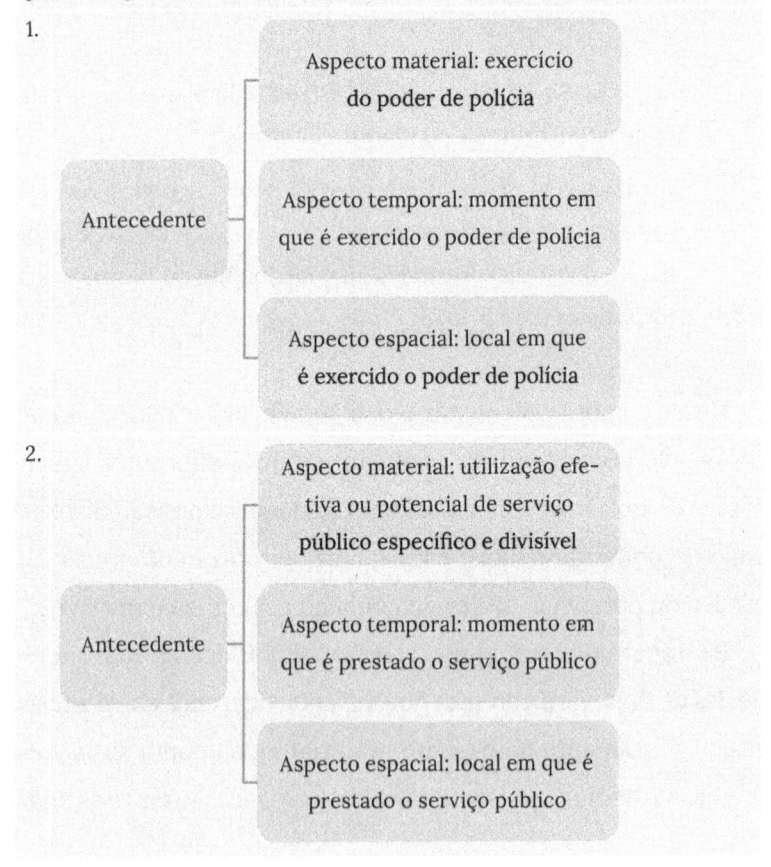

1.
- Antecedente
  - Aspecto material: exercício do poder de polícia
  - Aspecto temporal: momento em que é exercido o poder de polícia
  - Aspecto espacial: local em que é exercido o poder de polícia

2.
- Antecedente
  - Aspecto material: utilização efetiva ou potencial de serviço público específico e divisível
  - Aspecto temporal: momento em que é prestado o serviço público
  - Aspecto espacial: local em que é prestado o serviço público

Quadro 6.2 – Comparativo do consequente das duas espécies de taxas remuneratórias do serviço público II

1. Taxas instituídas em razão do exercício do poder de polícia

2. Taxas instituídas em razão da utilização, efetiva ou potencial, de serviço público específico e divisível

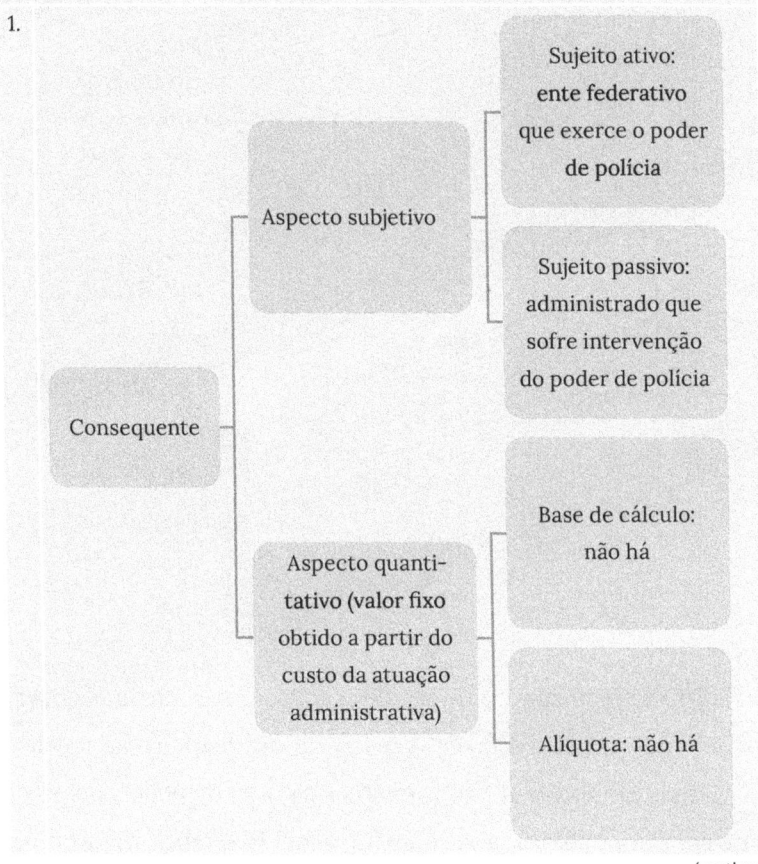

1.

Consequente
- Aspecto subjetivo
  - Sujeito ativo: ente federativo que exerce o poder de polícia
  - Sujeito passivo: administrado que sofre intervenção do poder de polícia
- Aspecto quantitativo (valor fixo obtido a partir do custo da atuação administrativa)
  - Base de cálculo: não há
  - Alíquota: não há

(continua)

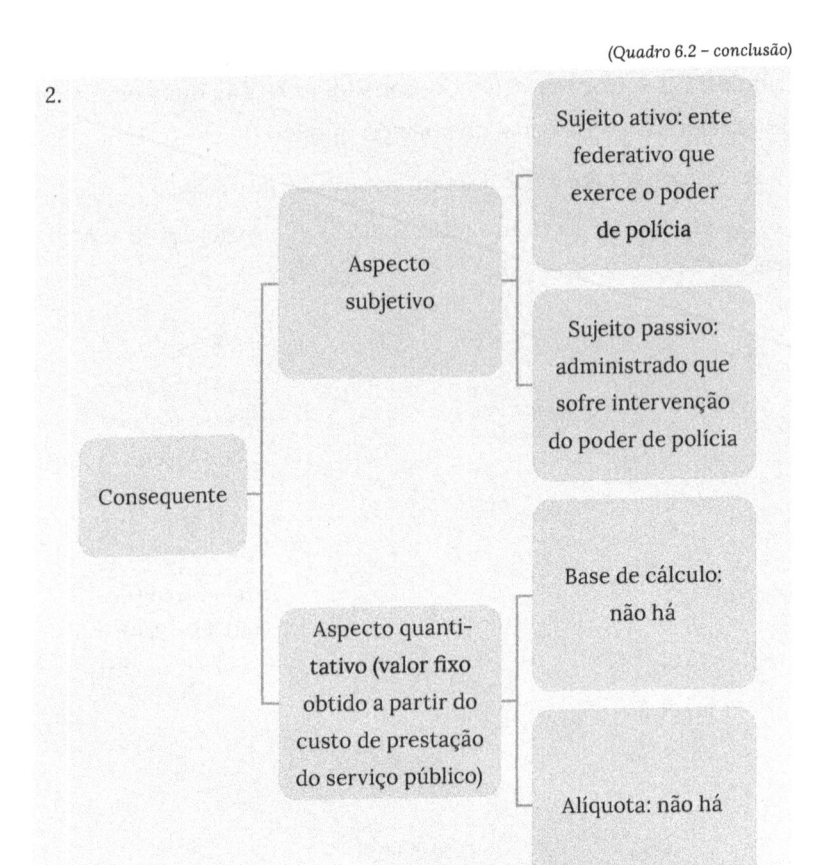

(Quadro 6.2 – conclusão)

2.
- Consequente
  - Aspecto subjetivo
    - Sujeito ativo: ente federativo que exerce o poder de polícia
    - Sujeito passivo: administrado que sofre intervenção do poder de polícia
  - Aspecto quantitativo (valor fixo obtido a partir do custo de prestação do serviço público)
    - Base de cálculo: não há
    - Alíquota: não há

Sobre a regra-matriz de incidência das taxas, há duas observações importantes a fazer. A primeira diz respeito ao sujeito ativo, que é sempre o ente que exercer o poder de polícia ou prestar o serviço. A segunda se refere ao aspecto quantitativo, que é sempre um valor fixo, calculado com base no custo da prestação do serviço ou do exercício do poder de polícia. Não há, assim, base de cálculo e alíquota, como acontece em outros tributos (nos quais, em linhas gerais, o valor econômico da operação é a base de cálculo e sobre ela será aplicada uma alíquota, representando o percentual dessa base econômica que será cobrado do contribuinte a título de tributo).

Quanto ao sujeito ativo, a jurisprudência do Supremo Tribunal Federal (STF) orienta-se no sentido de que o ente federativo que exerceu o poder de polícia é o competente para instituir a correspondente taxa, como podemos verificar:

> Os Estados possuem competência para dispor sobre instituição de taxas de polícia cobradas em função de atividades tais como: fiscalização e vistoria em estabelecimentos comerciais abertos ao público (casas noturnas, restaurantes, cinemas, shows); expedição de alvarás para o funcionamento de estabelecimentos de que fabriquem, transportem ou comercializem armas de fogo, munição, explosivos, inflamáveis ou produtos químicos; expedição de atestados de idoneidade para porte de arma de fogo, tráfego de explosivos, trânsito de armas em hipóteses determinadas; e atividades diversas com impacto na ordem social, no intuito de verificar o atendimento de condições de segurança e emitir as correspondentes autorizações essenciais ao funcionamento de tais estabelecimentos. (Brasil, 2021c)

É importante esclarecer que a cobrança não precisa ser feita diretamente pelo ente competente para tributar, mas pode ser delegada a um específico órgão que tenha por função o exercício daquele poder de polícia específico. É o que já foi assentado pelo STF:

> compete à ANVISA "autorizar o funcionamento de empresas de fabricação, distribuição e importação dos produtos mencionados no art. 8º desta Lei e de comercialização de medicamento" (art. 7º, VII, da Lei 9.782/99). Para tanto, encontra-se entre suas fontes de receitas o produto da arrecadação da taxa de fiscalização de vigilância sanitária (art. 22, I, da Lei 9.782/99), resultante do regular exercício de seu poder de polícia sanitária, inclusive em face das atividades de comercialização de medicamentos por farmácias e drogarias, exercício esse perfeitamente constitucional e apto a justificar a cobrança da taxa respectiva. (Brasil, 2020h)

De outro lado, assentou o STF que o valor da taxa deve corresponder ao custo do exercício do poder de polícia:

> TAXA: CORRESPONDÊNCIA ENTRE O VALOR EXIGIDO E O CUSTO DA ATIVIDADE ESTATAL. A taxa, enquanto contraprestação a uma atividade do poder público, não pode superar a relação de razoável equivalência que deve existir entre o custo real da atuação estatal referida ao contribuinte e o valor que o Estado pode exigir de cada contribuinte, considerados,

para esse efeito, os elementos pertinentes às alíquotas e à base de cálculo fixadas em lei. Se o valor da taxa, no entanto, ultrapassar o custo do serviço prestado ou posto à disposição do contribuinte, dando causa, assim, a uma situação de onerosidade excessiva, que descaracterize essa relação de equivalência entre os fatores referidos (o custo real do serviço, de um lado, e o valor exigido do contribuinte, de outro), configurar-se-á, então, quanto a essa modalidade de tributo, hipótese de ofensa à cláusula vedatória inscrita no art. 150, IV, da CF. (Brasil, 2006c)

Há ainda outros julgados do STF importantes sobre a matéria das taxas relativas ao exercício do poder de polícia:

- É constitucional a destinação do produto da arrecadação da taxa de polícia sobre as atividades notariais e de registro, ora para tonificar a musculatura econômica deste ou daquele órgão do Poder Judiciário, ora para aportar recursos financeiros para a jurisdição em si mesma. O inciso IV do art. 167 da Constituição passa ao largo do instituto da taxa, recaindo, isso sim, sobre qualquer modalidade de imposto. O dispositivo legal impugnado não invade a competência da União para editar normas gerais sobre a fixação de emolumentos. Isso porque esse tipo de competência legiferante é para dispor sobre relações jurídicas entre o delegatário da serventia e o público usuário dos serviços cartorários. Relação que antecede, logicamente, a que se dá no âmbito tributário da taxa de polícia, tendo por base de cálculo os emolumentos já legalmente disciplinados e administrativamente arrecadados. [**ADI 3.643**, rel. min. Ayres Britto, j. 8-11-2006, P, DJ de 16-2-2007.] [...]

- É constitucional taxa de renovação de funcionamento e localização municipal, desde que efetivo o exercício do poder de polícia, demonstrado pela existência de órgão e estrutura competentes para o respectivo exercício. [**RE 588.322**, rel. min. Gilmar Mendes, j. 16-6-2010, P, DJE de 3-9-2010, Tema 217.] [...]

- As taxas comprometem-se tão somente com o custo do serviço específico e divisível que as motiva, ou com a atividade de polícia desenvolvida. O critério da atividade exercida pelo contribuinte para se aferir o custo do exercício do poder de polícia desvincula-se do maior ou menor trabalho ou atividade que o poder público se vê obrigado a desempenhar. [**ARE 990.914**, rel. min. Dias Toffoli, j. 20-6-2017, 2ª T, DJE de 19-9-2017.]

- A base de cálculo da taxa de fiscalização e funcionamento fundada na área de fiscalização é constitucional, na medida em que traduz o custo da atividade estatal de fiscalização. Quando a Constituição se refere às taxas, o faz no sentido de que o tributo não incida sobre a prestação, mas em razão da prestação de serviço pelo Estado. A área ocupada pelo estabelecimento comercial revela-se apta a refletir o custo aproximado da atividade estatal de fiscalização. [**RE 856.185 AgR**, rel. min. Roberto Barroso, j. 4-8-2015, 1ª T, DJE de 24-9-2015.]

- Taxa de Licença para Localização, Funcionamento e Instalação. Base de cálculo. Número de empregados. Dado insuficiente para aferir o efetivo poder de polícia. Art. 6º da Lei 9.670/1983. Inconstitucionalidade. Jurisprudência pacífica da Corte. A taxa é um tributo contraprestacional (vinculado) usado na remuneração de uma atividade específica, seja serviço ou exercício do poder de polícia e, por isso, não se atém a signos presuntivos de riqueza. As taxas comprometem-se tão somente com o custo do serviço específico e divisível que as motiva, ou com a atividade de polícia desenvolvida. A base de cálculo proposta no art. 6º da Lei 9.670/1983 atinente à taxa de polícia se desvincula do maior ou menor trabalho ou atividade que o poder público se vê obrigado a desempenhar em decorrência da força econômica do contribuinte. O que se leva em conta, pois, não é a efetiva atividade do poder público, mas, simplesmente, um dado objetivo, meramente estimativo ou presuntivo de um ônus à administração pública. No tocante à base de cálculo questionada nos autos, é de se notar que, no RE 88.327/SP, rel. min. Décio Miranda (DJ de 28-9-1979), o Tribunal Pleno já havia assentado a ilegitimidade de taxas cobradas em razão do número de empregados. Essa jurisprudência vem sendo mantida de forma mansa e pacífica. [**RE 554.951**, rel. min. Dias Toffoli, j. 15-10-2013, 1ª T, DJE de 19-11-2013.]. (Brasil, 2021c, grifo do original)

A matéria, por certo, toca especificamente ao direito tributário, e é nessa área que recebe o adequado aprofundamento. Remetemos o leitor, portanto, ao exame de duas obras fundamentais no tema: *Curso de direito tributário*, de Paulo de Barros Carvalho (2010), e *Hipótese de incidência tributária*, de Geraldo Ataliba (2004).

Na prática, e para efeitos relativos ao direito administrativo, o que acontece é o seguinte: o administrado é fiscalizado ou vistoriado, atividade administrativa esta exercida por via do poder de polícia, e, em razão desse exercício, deve pagar uma taxa para remunerar o Estado por essa atuação.

— 6.3 —
Competência legislativa

Cada ente da federação exerce o poder de polícia dentro dos limites que lhe são conferidos pela legislação. Assim, para melhor compreender as matérias que podem ser objeto de exercício do poder de polícia, é necessário conhecer o próprio âmbito de atuação legislativa de cada ente federativo, pois é dentro desses limites que pode vir a ser editada a legislação que confira ao ente a possibilidade de exercer disciplina sobre a autonomia privada. Tais competências legislativas, classificadas como privativa, residual, exclusiva e bivalente, estão assim atribuídas pela Constituição (Figura 6.1):

Figura 6.1 – Competências para o exercício do poder de polícia segundo a Constituição de 1988

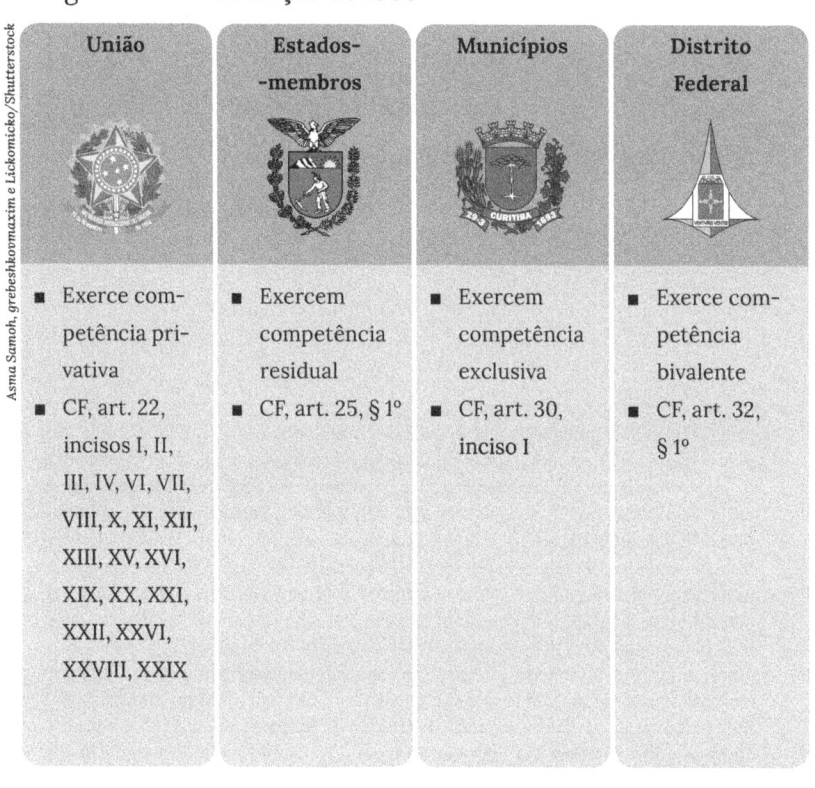

União	Estados--membros	Municípios	Distrito Federal
- Exerce competência privativa - CF, art. 22, incisos I, II, III, IV, VI, VII, VIII, X, XI, XII, XIII, XV, XVI, XIX, XX, XXI, XXII, XXVI, XXVIII, XXIX	- Exercem competência residual - CF, art. 25, § 1º	- Exercem competência exclusiva - CF, art. 30, inciso I	- Exerce competência bivalente - CF, art. 32, § 1º

Fonte: Elaborado com base em Brasil, 1988.

As competências legislativas são, portanto:

- **Privativa**: trata-se da competência que nenhum outro ente da federação pode exercer, a não ser aquele que a detenha por desígnio constitucional. Exercida pela União, conforme art. 22 da Constituição[1].

- **Residual**: atribuída aos estados-membros, que podem exercê-la desde que não tenha havido anterior exercício da competência pela União. Exercida pelos estados-membros, conforme parágrafo 1º do art. 25 da Constituição[2].

---

1   "Art. 22. Compete privativamente à União legislar sobre: I – direito civil, comercial, penal, processual, eleitoral, agrário, marítimo, aeronáutico, espacial e do trabalho; II – desapropriação; III – requisições civis e militares, em caso de iminente perigo e em tempo de guerra; IV – águas, energia, informática, telecomunicações e radiodifusão; VI – sistema monetário e de medidas, títulos e garantias dos metais; VII – política de crédito, câmbio, seguros e transferência de valores; VIII – comércio exterior e interestadual; [...] X – regime dos portos, navegação lacustre, fluvial, marítima, aérea e aeroespacial; XI-trânsito e transporte; XII – jazidas, minas, outros recursos minerais e metalurgia; XIII – nacionalidade, cidadania e naturalização; [...] XV – emigração e imigração, entrada, extradição e expulsão de estrangeiros; XVI – organização do sistema nacional de emprego e condições para o exercício de profissões; [...] XIX – sistemas de poupança, captação e garantia da poupança popular; XX – sistemas de consórcios e sorteios; XXI – normas gerais de organização, efetivos, material bélico, garantias, convocação, mobilização, inatividades e pensões das polícias militares e dos corpos de bombeiros militares; XXII – competência da polícia federal e das polícias rodoviária e ferroviária federais; [...] XXVI – atividades nucleares de qualquer natureza; [...] XXVIII – defesa territorial, defesa aeroespacial, defesa marítima, defesa civil e mobilização nacional; XXIX – propaganda comercial. Parágrafo único. Lei complementar poderá autorizar os Estados a legislar sobre questões específicas das matérias relacionadas neste artigo" (Brasil, 1988).

2   "Art. 25. [...] § 1º São reservadas aos Estados as competências que não lhes sejam vedadas por esta Constituição" (Brasil, 1988).

- **Exclusiva**: é aquela que não pode ser delegada e deve ser exercida pelo ente federativo que a detém. Exercida pelos municípios, conforme art. 30, inciso I da Constituição[13].
- **Bivalente**: abrange tanto as matérias designadas aos estados-membros quanto as referentes aos municípios. Exercida pelo Distrito Federal, conforme prevê o parágrafo 1° do art. 32 da Constituição[14].
- **Concorrente**: pode ser exercida por todos os membros da federação, conforme específica disciplina do art. 24 da Constituição:

> Art. 24. Compete à União, aos Estados e ao Distrito Federal legislar concorrentemente sobre:
>
> I – direito tributário, financeiro, penitenciário, econômico e urbanístico;
>
> V – produção e consumo;
>
> VI – florestas, caça, pesca, fauna, conservação da natureza, defesa do solo e dos recursos naturais, proteção do meio ambiente e controle da poluição;
>
> VII – proteção ao patrimônio histórico, cultural, artístico, turístico e paisagístico;

---

3   "Art. 30. Compete aos Municípios: I–legislar sobre assuntos de interesse local" (Brasil, 1988).

4   "Art. 32. [...] § 1º Ao Distrito Federal são atribuídas as competências legislativas reservadas aos Estados e Municípios" (Brasil, 1988).

VIII – responsabilidade por dano ao meio ambiente, ao consumidor, a bens e direitos de valor artístico, estético, histórico, turístico e paisagístico;

XVI – organização, garantias, direitos e deveres das polícias civis.

§ 1º No âmbito da legislação concorrente, a competência da União limitar-se-á a estabelecer normas gerais.

§ 2º A competência da União para legislar sobre normas gerais não exclui a competência suplementar dos Estados.

§ 3º Inexistindo lei federal sobre normas gerais, os Estados exercerão a competência legislativa plena, para atender a suas peculiaridades.

§ 4º A superveniência de lei federal sobre normas gerais suspende a eficácia da lei estadual, no que lhe for contrário. (Brasil, 1988)

É importante salientar que, na hipótese do exercício da competência concorrente, a União fica limitada ao estabelecimento de normas gerais (CF, art. 24, § 1º). Se as normas complementares editadas pela União vierem a ser posteriores a normas estaduais específicas e com elas conflitarem, essas nomas gerais suspenderão a eficácia das estaduais, até ulterior modificação ou da legislação federal ou da estadual (CF, art. 24, § 4º). Se tais normas gerais inexistirem, o Estado pode exercer a competência plena (CF, art. 24, § 3º), verificando-se, ainda, que a competência dos estados jamais será excluída, mesmo na hipótese de normas gerais editadas pela União (CF, art. 24, § 2º).

COMPETÊNCIA NORMATIVA – FISCALIZAÇÃO AMBIENTAL – RECURSO HÍDRICOS – EXPLORAÇÃO E APROVEITAMENTO – LEI ESTADUAL. Surge, no âmbito da competência concorrente versada no artigo 23, inciso IX, da Constituição Federal, disciplina atinente ao desempenho de atividade administrativa voltada ao exercício regular do poder de polícia, a ser remunerado mediante taxa, relacionado à exploração e aproveitamento de recursos hídricos voltados à geração de energia elétrica, no que revelam atuação potencialmente danosa ao meio ambiente. TAXA – PODER DE POLÍCIA – EXERCÍCIO – CUSTOS – ARRECADAÇÃO – INCONGRUÊNCIA. Considerado o princípio da proporcionalidade, conflita com a Constituição Federal instituição de taxa ausente equivalência entre o valor exigido do contribuinte e os custos alusivos ao exercício do poder de polícia – artigo 145, inciso II, da Lei Maior –, sob pena de ter-se espécie tributária de caráter arrecadatório cujo alcance extrapola a obtenção do fim que lhe fundamenta a existência, dificultando ou mesmo inviabilizando o desenvolvimento da atividade econômica. (Brasil, 2020f)

Quanto aos municípios, a doutrina entende que estes detêm competência concorrente, mas, com fundamento no art. 30, inciso II, da Constituição de 1988, somente para suplementar as legislações federal e a estadual no que couber.

— 6.4 —
Competência administrativa

Se o exercício de poder de polícia deflui da competência legislativa, que, ao ser efetivada, delimita o âmbito de atuação do Estado, outra competência fundamental a ser compreendida é a administrativa. Advinda diretamente da Constituição, essa competência é determinada para o exercício direto de cada ente federativo e pode ser exclusiva, residual, comum ou paralela. A Figura 6.2, a seguir, mostra como a Constituição divide as competências administrativas.

Figura 6.2 – Competências administrativas segundo a Constituição de 1988

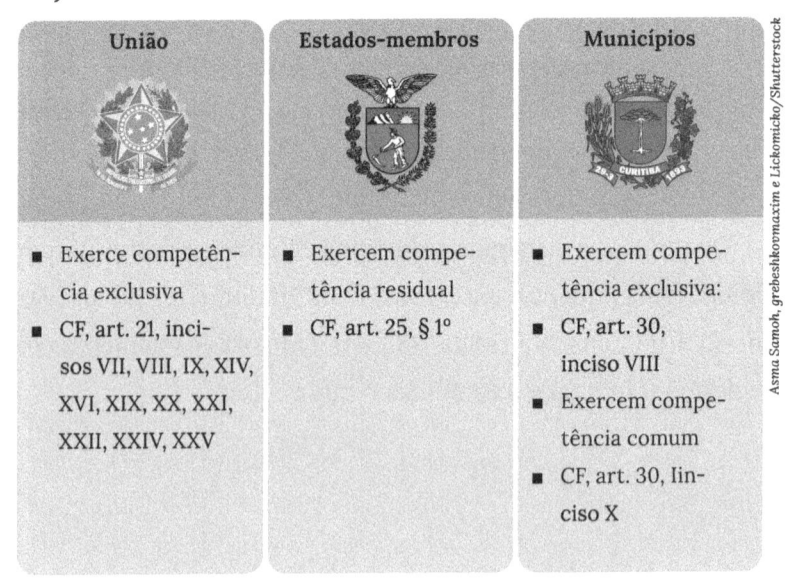

União	Estados-membros	Municípios
■ Exerce competência exclusiva ■ CF, art. 21, incisos VII, VIII, IX, XIV, XVI, XIX, XX, XXI, XXII, XXIV, XXV	■ Exercem competência residual ■ CF, art. 25, § 1º	■ Exercem competência exclusiva: ■ CF, art. 30, inciso VIII ■ Exercem competência comum ■ CF, art. 30, Iinciso X

Asma Samoh, grebeshkovmaxim e Lickomicko/Shutterstock

Fonte: Elaborado com base em Brasil, 1988.

A competência exclusiva, como já destacamos, é aquela que não pode ser delegada e deve ser exercida pelo ente federativo que a detém. No âmbito administrativo, certas competências exclusivas são entregues à União, e outras, aos municípios. Vejamos a previsão constitucional para a União e os municípios:

> Art. 21. Compete à União: [...]
>
> VI – autorizar e fiscalizar a produção e o comércio de material bélico; [...]
>
> VIII – administrar as reservas cambiais do País e fiscalizar as operações de natureza financeira, especialmente as de crédito, câmbio e capitalização, bem como as de seguros e de previdência privada;
>
> IX – elaborar e executar planos nacionais e regionais de ordenação do território e de desenvolvimento econômico e social; [...]
>
> XIV – organizar e manter a polícia civil, a polícia penal, a polícia militar e o corpo de bombeiros militar do Distrito Federal, bem como prestar assistência financeira ao Distrito Federal para a execução de serviços públicos, por meio de fundo próprio; [...]
>
> XVI – exercer a classificação, para efeito indicativo, de diversões públicas e de programas de rádio e televisão; [...]
>
> XIX – instituir sistema nacional de gerenciamento de recursos hídricos e definir critérios de outorga de direitos de seu uso;
>
> XX – instituir diretrizes para o desenvolvimento urbano, inclusive habitação, saneamento básico e transportes urbanos;

XXI - estabelecer princípios e diretrizes para o sistema nacional de viação;

XXII - executar os serviços de polícia marítima, aeroportuária e de fronteiras; [...]

XXIV - organizar, manter e executar a inspeção do trabalho;

XXV - estabelecer as áreas e as condições para o exercício da atividade de garimpagem, em forma associativa. [...]

Art. 30. Compete aos Municípios: [...]

VIII - promover, no que couber, adequado ordenamento territorial, mediante planejamento e controle do uso, do parcelamento e da ocupação do solo urbano. (Brasil, 1988)

Já a competência residual, atribuída aos estados-membros, pode ser exercida desde que não tenha havido anterior exercício da competência pela União, como prevê o parágrafo 1º do art. 25 da Constituição: "Art. 25. Os Estados organizam-se e regem-se pelas Constituições e leis que adotarem, observados os princípios desta Constituição. § 1º São reservadas aos Estados as competências que não lhes sejam vedadas por esta Constituição" (Brasil, 1988).

Já a competência comum ou paralela é aquela exercida por todos os membros da federação, conforme o teor do art. 23 da Constituição:

Art. 23. É competência comum da União, dos Estados, do Distrito Federal e dos Municípios: [...]

III – proteger os documentos, as obras e outros bens de valor histórico, artístico e cultural, os monumentos, as paisagens naturais notáveis e os sítios arqueológicos;

IV – impedir a evasão, a destruição e a descaracterização de obras de arte e de outros bens de valor histórico, artístico ou cultural; [...]

VI – proteger o meio ambiente e combater a poluição em qualquer de suas formas;

VII – preservar as florestas, a fauna e a flora; [...]

XI – registrar, acompanhar e fiscalizar as concessões de direitos de pesquisa e exploração de recursos hídricos e minerais em seus territórios; [...]

Parágrafo único. Leis complementares fixarão normas para a cooperação entre a União e os Estados, o Distrito Federal e os Municípios, tendo em vista o equilíbrio do desenvolvimento e do bem-estar em âmbito nacional. [...]

Art. 30. Compete aos Municípios: [...]

IX – promover a proteção do patrimônio histórico-cultural local, observada a legislação e a ação fiscalizadora federal e estadual (Brasil, 1988).

A competência comum é absolutamente fundamental para casos em que uma coordenação de esforços de âmbito nacional seja possível. Nesse sentido, o enfrentamento da pandemia de covid-19 encontra lugar de destaque como exemplo de utilização, pelos entes federativos, da competência comum que lhes confere a Constituição em matéria sanitária, como podemos observar em importante decisão do STF:

> CONSTITUCIONAL. PANDEMIA DO CORONAVÍRUS (COVID-19). AS REGRAS DE DISTRIBUIÇÃO DE COMPETÊNCIAS SÃO ALICERCES DO FEDERALISMO E CONSAGRAM A FÓRMULA DE DIVISÃO DE CENTROS DE PODER EM UM ESTADO DE DIREITO (ARTS. 1º E 18 DA CF). COMPETÊNCIAS COMUNS E CONCORRENTES E RESPEITO AO PRINCÍPIO DA PREDOMINÂNCIA DO INTERESSE (ARTS. 23, II, 24, XII, E 25, § 1º, DA CF). CAUTELAR PARCIALMENTE CONCEDIDA. 1. Em momentos de acentuada crise, o fortalecimento da união e a ampliação de cooperação entre os três poderes, no âmbito de todos os entes federativos, são instrumentos essenciais e imprescindíveis a serem utilizados pelas diversas lideranças em defesa do interesse público, sempre com o absoluto respeito aos mecanismos constitucionais de equilíbrio institucional e manutenção da harmonia e independência entre os poderes, que devem ser cada vez mais valorizados, evitando-se o exacerbamento de quaisquer personalismos prejudiciais à condução das políticas públicas essenciais ao combate da pandemia de COVID-19. 2. A gravidade da emergência causada pela pandemia do coronavírus (COVID-19) exige das autoridades brasileiras, em todos os níveis de governo, a efetivação concreta da proteção à saúde pública, com a adoção de todas as medidas possíveis e tecnicamente sustentáveis para o apoio e manutenção das atividades do Sistema Único de Saúde. 3. A União tem papel central, primordial e imprescindível de coordenação em uma pandemia internacional nos moldes que a própria Constituição

estabeleceu no SUS. 4. Em relação à saúde e assistência pública, a Constituição Federal consagra a existência de competência administrativa comum entre União, Estados, Distrito Federal e Municípios (art. 23, II e IX, da CF), bem como prevê competência concorrente entre União e Estados/Distrito Federal para legislar sobre proteção e defesa da saúde (art. 24, XII, da CF); permitindo aos Municípios suplementar a legislação federal e a estadual no que couber, desde que haja interesse local (art. 30, II, da CF); e prescrevendo ainda a descentralização político-administrativa do Sistema de Saúde (art. 198, CF, e art. 7º da Lei 8.080/1990), com a consequente descentralização da execução de serviços, inclusive no que diz respeito às atividades de vigilância sanitária e epidemiológica (art. 6º, I, da Lei 8.080/1990). 5.Não compete, portanto, ao Poder Executivo federal afastar, unilateralmente, as decisões dos governos estaduais, distrital e municipais que, no exercício de suas competências constitucionais, adotaram ou venham a adotar, no âmbito de seus respectivos territórios, importantes medidas restritivas como a imposição de distanciamento ou isolamento social, quarentena, suspensão de atividades de ensino, restrições de comércio, atividades culturais e à circulação de pessoas, entre outros mecanismos reconhecidamente eficazes para a redução do número de infectados e de óbitos, como demonstram a recomendação da OMS (Organização Mundial de Saúde) e vários estudos técnicos científicos, como por exemplo, os estudos realizados pelo Imperial College of London, a partir de modelos matemáticos (The Global Impact of COVID-19 and Strategies for Mitigation and Suppression, vários autores; Impact of non-pharmaceutical interventions (NPIs) to reduce COVID-19 mortality and healthcare demand, vários autores). 6. Os condicionamentos imposto pelo art. 3º, VI, "b", §§ 6º, 6º-A e 7º, II, da Lei 13.979/2020, aos Estados e Municípios para a adoção de determinadas medidas sanitárias de enfrentamento à pandemia do COVID-19, restringem indevidamente o exercício das competências constitucionais desses entes, em detrimento do pacto federativo. 7. Medida Cautelar parcialmente concedida para: (a) suspender, sem redução de texto, o art. 3º, VI, "b", e §§ 6º, 6º-A e 7º, II, excluídos Estados e Municípios da exigência de autorização da União, ou obediência a determinações de órgãos federais, para adoção de medidas de restrição à circulação de pessoas; e (b) conferir interpretação conforme aos referidos dispositivos para estabelecer que as medidas neles previstas devem ser fundamentadas em orientações de seus órgãos técnicos correspondentes, resguardada a locomoção de produtos e serviços essenciais definidos por ato do Poder Público federal, sempre respeitadas as definições no âmbito da competência constitucional de cada ente federativo. (Brasil, 2020g)

Assim, medidas tomadas por estados e municípios no sentido de preservação da saúde da população, inclusive atuação estruturada que se utilize do poder de polícia para fiscalização ou aplicação de sanções, são perfeitamente possíveis e, até mesmo, desejáveis, segundo a própria dicção do texto constitucional.

Capítulo 7

Formas de execução do poder de polícia

Neste capítulo, estudaremos as formas de execução do poder de polícia, diferenciadas entre a polícia administrativa e a polícia judiciária.

— 7.1 —
Polícia administrativa

Segundo Marçal Justen Filho (2016, p. 671): "O poder de polícia compreende a utilização da força e a estruturação de um aparato estatal destinado à coerção dos particulares. Propicia a intervenção estatal na órbita individual e no âmbito subjetivo".

Por essa razão, podemos dizer que o poder de polícia apresenta dupla **finalidade**, quais sejam: de um lado, prevenir (por meio de fiscalização) e, de outro, reprimir (por meio de sanções) os ilícitos administrativos. Assim, **alcança** bens, direitos e atividades dos particulares e é **exercido** pelos mais diversos órgãos da Administração Pública ou, ainda, por pessoas jurídicas de direito público criadas com tal finalidade.

A Figura 7.1, a seguir, permite compreender com maior clareza a forma de execução do poder de polícia administrativa:

Figura 7.1 – Forma de execução do poder de polícia administrativa

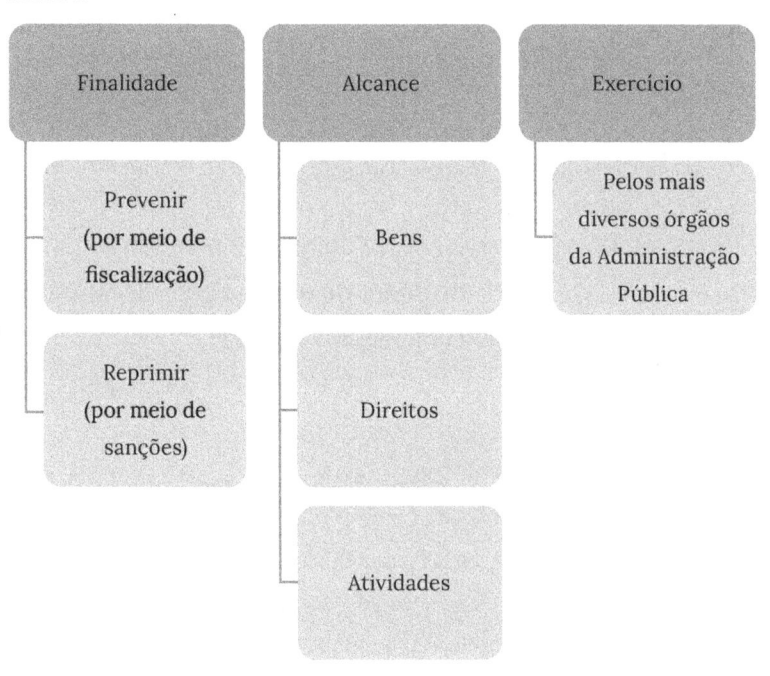

Finalidade	Alcance	Exercício
Prevenir (por meio de fiscalização)	Bens	Pelos mais diversos órgãos da Administração Pública
Reprimir (por meio de sanções)	Direitos	
	Atividades	

Quanto aos órgãos que exercem o poder de polícia administrativa, podemos citar o caso da Agência Nacional de Vigilância Sanitária (Anvisa), exercida em comum pelas esferas federal, estadual e municipal, conforme apresentado na Figura 7.2, a seguir.

Figura 7.2 – Diferentes âmbitos do exercício do poder de polícia administrativa em matéria sanitária

Âmbito municipal	Âmbito estadual	Âmbito federal
■ Secretaria de Saúde Municipal	■ Secretaria de Saúde Estadual	■ Anvisa

Persistindo no exemplo, ainda no que diz respeito à vigilância sanitária, o exercício de poder de polícia para a fiscalização da Anvisa é claramente reconhecido pelo STF:

> Ação direta de inconstitucionalidade. Artigo 1º da Lei nº 9.782/99. MP nº 2.190-34, de 23 de agosto de 2001, que alterou dispositivos da Lei nº 9.782/99. Inclusão do comércio varejista de produtos farmacêuticos (farmácias e drogarias) no rol dos sujeitos passivos da taxa de fiscalização de vigilância sanitária arrecadada pela ANVISA. Constitucionalidade. 1. A Lei nº 9.782, de 26 de janeiro de 1999, que instituiu o Sistema Nacional de Vigilância Sanitária e criou a Agência Nacional de Vigilância Sanitária, determinou que essa autarquia de regime especial atuasse não só na fabricação, na distribuição ou na importação de medicamentos e assemelhados, mas também em sua comercialização, conforme definido em suas finalidades institucionais (art. 6º). Em decorrência disso, compete à ANVISA "autorizar o funcionamento de empresas de fabricação, distribuição e importação dos produtos mencionados no art. 8º desta Lei e de comercialização de

medicamentos" (art. 7º, VII, da Lei nº 9.782/99). Para tanto, encontra-se entre suas fontes de receitas o produto da arrecadação da taxa de fiscalização de vigilância sanitária (art. 22, I, da Lei nº 9.782/99), resultante do regular exercício de seu poder de polícia sanitária, inclusive em face das atividades de comercialização de medicamentos por farmácias e drogarias, exercício esse perfeitamente constitucional e apto a justificar a cobrança da taxa respectiva. 2. O interesse na normatização e, igualmente, na fiscalização do comércio farmacêutico extrapola o âmbito eminentemente local, ensejando uma padronização e uma atuação com alcance nacional. O arts. 198 e 200 da Lei Fundamental, longe de terem sido afrontados, dão suporte ao exercício da atividade de vigilância sanitária desempenhado pela União, uma vez que o controle do comércio farmacêutico não é de interesse meramente local, de modo a dispensar toda e qualquer atividade fiscalizatória por parte da Agência Nacional de Vigilância Sanitária. 3. A atividade de vigilância sanitária desempenhada pela ANVISA não se confunde materialmente com aquela desempenhada pelos municípios ou pelos estados, nem impede que esses dirijam sua atuação fiscalizatória para os estabelecimentos de comércio farmacêutico. Não há, ademais, duplicidade de tributação recaindo sobre o mesmo fato gerador, porque as órbitas materiais de incidência das taxas cobradas pelos diversos órgãos de vigilância sanitária são diversas. 4. Ação direta julgada improcedente. (Brasil, 2020h)

Também no campo da saúde, é de grande importância e merece destaque a decisão do STF transcrita a seguir:

TUTELA DE URGÊNCIA EM AÇÃO DIRETA DE INCONSTITUCIONALIDADE. CONCESSÃO MONOCRÁTICA. INTERPRETAÇÃO CONFORME À CONSTITUIÇÃO PARA CONFERIR SOBREVIDA A MEDIDAS TERAPÊUTICAS E PROFILÁTICAS EXCEPCIONAIS PARA O ENFRENTAMENTO DA COVID-19. PROVIDÊNCIAS PREVISTAS NA LEI 13.979/2020 CUJA VIGÊNCIA FINDOU EM 31 DE DEZEMBRO DE 2020. RECRUDESCIMENTO DA PANDEMIA COM O DESENVOLVIMENTO DE NOVAS CEPAS VIRAIS. EMERGÊNCIA DE SAÚDE PÚBLICA QUE SE MANTÉM INALTERADA. INCIDÊNCIA DOS PRINCÍPIOS DA PREVENÇÃO E PRECAUÇÃO. CAUTELAR REFERENDADA PELO PLENÁRIO. I – A Lei 13.979/2020, com o propósito de enfrentar de maneira racional e tecnicamente adequada o surto pandêmico, permitiu que as autoridades adotassem, no âmbito das respectivas competências, determinadas medidas profiláticas e terapêuticas. II – Embora a vigência da Lei 13.979/2020, de forma tecnicamente imperfeita, esteja vinculada àquela do Decreto Legislativo 6/2020, que decretou a calamidade pública para fins exclusivamente fiscais, vencendo em 31 de dezembro de 2020, não se pode excluir, neste juízo precário e efêmero, a conjectura segundo a qual a verdadeira intenção dos legisladores tenha sido a de manter as medidas profiláticas e terapêuticas extraordinárias, preconizadas naquele diploma normativo, pelo tempo necessário à superação da fase mais crítica da pandemia, mesmo porque à época de sua edição não lhes era dado antever a surpreendente persistência e letalidade da doença. III – A prudência–amparada nos princípios da prevenção e da precaução, que devem reger as decisões em matéria de saúde pública–aconselha que as medidas excepcionais abrigadas na Lei 13.979/2020 continuem, por enquanto, a integrar o arsenal das autoridades sanitárias para combater a pandemia. IV – Medida cautelar referendada pelo Plenário do Supremo Tribunal Federal para conferir interpretação conforme à Constituição ao art. 8º da Lei 13.979/2020, com a redação dada pela Lei 14.035/2020, a fim de excluir de seu âmbito de aplicação as medidas extraordinárias previstas nos arts. 3º, 3º-A, 3º-B, 3º-C, 3º-D, 3º-E, 3º-F, 3º-G, 3º-H e 3º-J, inclusive dos respectivos parágrafos, incisos e alíneas. (Brasil, 2021e)

Diante do quadro de pandemia vivido no Brasil, essa decisão tomou grande vulto, porque permite ao poder de polícia administrativa continuar a ser exercido no âmbito das competências dos entes federados, mesmo após o esgotamento do prazo do Decreto Legislativo n. 6/2020, que previa o término do estado de calamidade pública decretado somente até 31 de dezembro de 2020. Além disso, medidas oriundas da Lei n. 13.979/2020 continuaram a ser necessárias. Preservou-se, assim, o objetivo da legislação federal, que encontra raízes no próprio princípio da dignidade da pessoa humana (CF, art. 1º, III), bem como, aliás, de toda a atividade administrativa.

Devemos ainda ter em mente o alerta percuciente de Marçal Justen Filho (2016, p. 672) sobre o poder de polícia administrativa:

> Trata-se de limitar o exercício de liberdades, o que acarreta uma atividade estatal dotada de grande potencial antidemocrático. Por isso, o poder de polícia se encontra sujeito aos princípios constitucionais e legais disciplinadores da democracia republicana. Não se admite que as competências de poder de polícia administrativa sejam utilizadas de modo antidemocrático.

Portanto, o exercício do poder de polícia administrativa pelos vários órgãos da Administração Pública não pode ser arbitrário. Nesse sentido, o cidadão deve manter constante vigilância para que o exercício desse poder sempre permaneça vinculado ao interesse público e, por essa via, à dignidade da pessoa humana, sem nunca desbordar da legalidade que marca o Estado Democrático de Direito.

— 7.2 —
Polícia judiciária

A polícia judiciária jamais deve ser confundida com a polícia administrativa. Seu âmbito de atuação é diverso. Ao passo que a polícia administrativa se volta aos ilícitos administrativos, a polícia judiciária se direciona se aos ilícitos criminais.

Quanto ao tema, a **finalidade** do poder de polícia judiciária, também dúplice, é prevenir (por meio da vigilância) ou reprimir (por meio da restrição do direito de ir e vir) os ilícitos criminais. Por isso, **alcança** pessoas e é **exercido** pelos mais diversos órgãos que integram o sistema de segurança pública, nos termos do art. 144 da Constituição.

A Figura 7.3, a seguir, permite compreender com maior clareza a forma de execução do poder de polícia judiciária.

Figura 7.3 – Forma de execução do poder de polícia judiciária

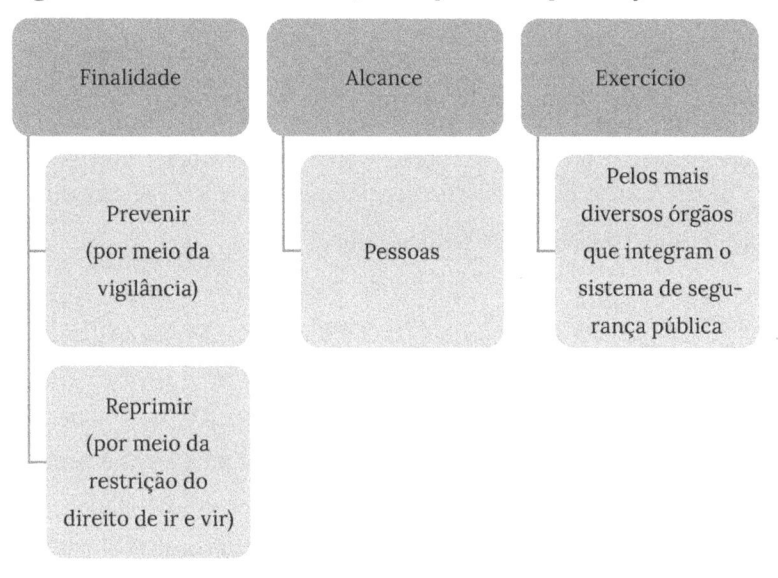

Finalidade	Alcance	Exercício
Prevenir (por meio da vigilância)	Pessoas	Pelos mais diversos órgãos que integram o sistema de segurança pública
Reprimir (por meio da restrição do direito de ir e vir)		

São integrantes do sistema de segurança pública e, por isso, podem exercer o poder de polícia judiciária, nos termos do art. 144 da Constituição de 1988:

I – polícia federal;

II – polícia rodoviária federal;

III – polícia ferroviária federal;

IV – polícias civis;

V – polícias militares e corpos de bombeiros militares.

VI – polícias penais federal, estaduais e distrital. [...]

§ 5º-A. Às polícias penais, vinculadas ao órgão administrador do sistema penal da unidade federativa a que pertencem, cabe a segurança dos estabelecimentos penais. [...]

§ 8º Os Municípios poderão constituir guardas municipais destinadas à proteção de seus bens, serviços e instalações, conforme dispuser a lei. (Brasil, 1988)

A marcante diferença é reconhecida pelo STF no seguinte precedente paradigmático:

DIREITO ADMINISTRATIVO. RECURSO EXTRAORDINÁRIO. PODER DE POLÍCIA. IMPOSIÇÃO DE MULTA DE TRÂNSITO. GUARDA MUNICIPAL. CONSTITUCIONALIDADE. 1. Poder de polícia não se confunde com segurança pública. O exercício do primeiro não é prerrogativa exclusiva das entidades policiais, a quem a Constituição outorgou, com exclusividade, no art. 144, apenas as funções de promoção da segurança pública. 2. A fiscalização do trânsito, com aplicação das sanções administrativas legalmente previstas, embora possa se dar ostensivamente, constitui mero exercício de poder de polícia, não havendo, portanto, óbice ao seu exercício por entidades não policiais. 3. O Código de Trânsito Brasileiro, observando os parâmetros constitucionais, estabeleceu a competência comum dos entes da federação para o exercício da fiscalização de trânsito. 4. Dentro de sua esfera de atuação, delimitada pelo CTB, os Municípios podem determinar que o poder de polícia que lhe compete seja exercido pela guarda municipal. 5. O art. 144, §8º, da CF, não impede que a guarda municipal exerça funções adicionais à de proteção dos bens, serviços e instalações do Município. Até mesmo instituições policiais podem cumular funções típicas de segurança pública com exercício de poder de polícia. Entendimento que não foi alterado pelo advento da EC nº 82/2014. 6. Desprovimento do recurso extraordinário e fixação, em repercussão geral, da seguinte tese: é constitucional a atribuição às guardas municipais do exercício de poder de polícia de trânsito, inclusive para imposição de sanções administrativas legalmente previstas. (Brasil, 2015d)

Quanto ao exercício do poder de polícia pelas guardas municipais, destacamos as seguintes decisões e debates:

- Tema 472: "Competência de guarda municipal para lavrar auto de infração de trânsito" (Brasil, 2015d).
  - Tese: "É constitucional a atribuição às guardas municipais do exercício de poder de polícia de trânsito, inclusive para imposição de sanções administrativas legalmente previstas" (Brasil, 2015d).
- Tema 656: "Limites da atuação legislativa local para disciplinar as atribuições das guardas municipais destinadas à proteção de bens, serviços e instalações do município" (Brasil, 2021h).

- ADI n. 5.948: liminarmente, autorizado o porte de arma (Brasil, 2021d).

Relembrando, então, a diferença entre o poder de polícia administrativa e o poder de polícia judiciária: o primeiro é voltado para os ilícitos administrativos, e o segundo se dirige aos ilícitos penais. A Figura 7.4, a seguir, mostra as diferenças em sua execução, tendo em vista que os objetivos de cada uma são diversos (combater ilícitos administrativos *versus* combater ilícitos penais).

Figura 7.4 – Comparativo entre as formas de execução do poder de polícia administrativa e do poder de polícia judiciária

Polícia administrativa	Polícia judiciária
Finalidade	Finalidade
Prevenir (por meio de fiscalização)	Prevenir (por meio da vigilância)
Reprimir (por meio de sanções)	Reprimir (por meio da restrição do direito de ir e vir)

(continua)

(Figura 7.4 – conclusão)

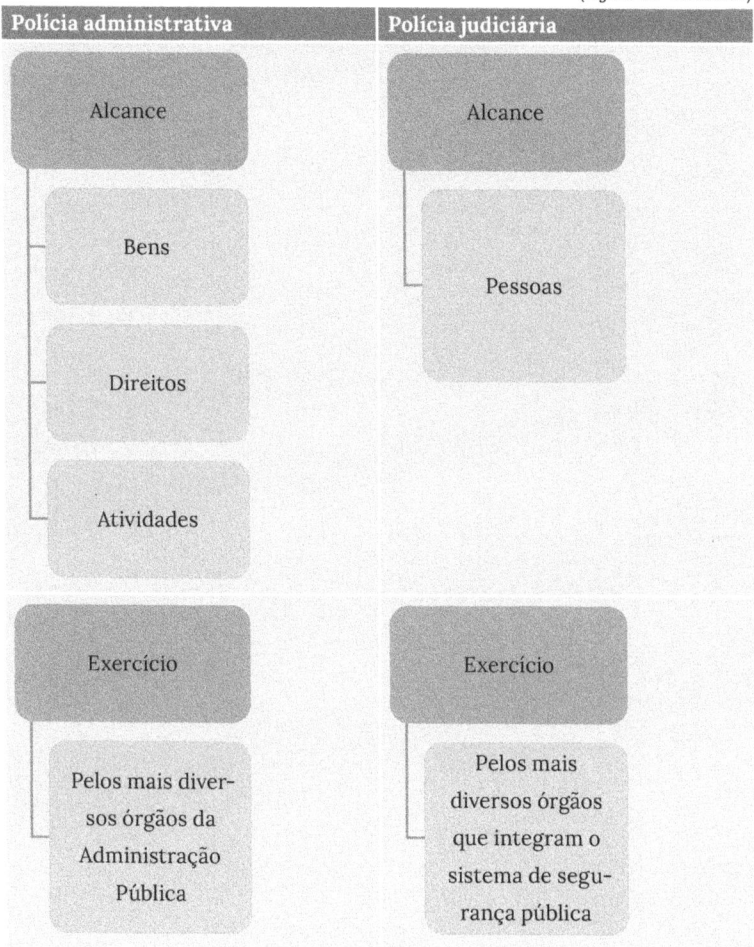

Polícia administrativa	Polícia judiciária
Alcance	Alcance
Bens	Pessoas
Direitos	
Atividades	
Exercício	Exercício
Pelos mais diversos órgãos da Administração Pública	Pelos mais diversos órgãos que integram o sistema de segurança pública

A diferença marcada entre as polícias administrativa e judiciária não reside, então, apenas em seu objetivo diverso (combater ilícitos administrativos *versus* combater ilícitos penais), mas engloba o próprio modo de execução desse poder de polícia, como constatamos.

Capítulo 8

*Regime jurídico
do poder de polícia*

Neste capítulo, analisaremos os diversos aspectos que compõem o regime jurídico do poder de polícia.

— 8.1 —
Autoexecutoriedade e coercibilidade

A coercibilidade e a autoexecutoriedade dos atos de polícia administrativa estão diretamente ligadas à sua efetividade. De fato, despidos de coerção ou de possibilidade de serem executados, os atos de polícia seriam inócuos e de nada serviriam, estando a Administração fadada a não exercer intervenção nenhuma na realidade fática.

Pelo contrário, o poder de polícia carrega a característica de que a Administração Pública possa efetivamente intervir na realidade, a fim de exercer sobre os administrados aquele regramento necessário ao cumprimento do interesse público – em última análise, a Administração Pública realiza, por essa via, a vontade constitucional consubstanciada no interesse público, que deita suas raízes mais profundas no princípio da dignidade da pessoa humana (Maria Sobrinho, 2020).

Assim, a autoexecutoriedade e a coercibilidade são características que revestem os atos administrativos cujo objeto é o exercício do poder de polícia. Tais características, como afirmamos, decorrem do próprio regime jurídico administrativo, consubstanciando-se em **prerrogativas** da Administração Pública para o exercício dessa função. O fundamento, por óbvio, reside no princípio da supremacia do interesse público sobre o privado, orientado pela própria noção de interesse público (Maria Sobrinho, 2020). Completa-se, assim, o círculo de atuação da Administração Pública, pelo qual ocorre a concretização e a cristalização, no mundo real, dos vetores abstratos fixados pela Constituição Federal de 1988, especialmente o próprio princípio da dignidade da pessoa humana.

Compreendida a ideia na qual se radica o poder de polícia, é fácil deduzirmos que, para sua efetividade, ele deve desde logo ser executado, ou seja, a fim de que a Administração Pública possa coagir o administrado a aceder ao comendo administrativo, seja pela imediata execução do ato de polícia (meio direto), seja pela ameaça de sanção nele contida (meio indireto) que vai compelir o administrado ao cumprimento do ato e à adequação de sua conduta ao interesse público.

Por isso, pela **autoexecutoriedade**, a Administração Pública pode realizar seus atos sem prévia autorização do Poder Judiciário – isto é, não há a necessidade de intermediários para obrigar o administrado ao cumprimento do ato. A doutrina subdivide essa característica em outras duas:

- **Executoriedade**: a Administração Pública utiliza meios **diretos** de coação, como a apreensão de mercadorias, a retirada de veículo estacionado em local proibido etc.
- **Exigibilidade**: a Administração Pública utiliza meios **indiretos** de coação, como a aplicação de multa da vigilância sanitária ou, ainda, condicionar o licenciamento ao pagamento das multas de trânsito.

Já com relação à **coercibilidade**, Irene Nohara (2020, p. 154) ensina que se trata de um conceito

> relacionado intrinsicamente com a executoriedade, pois implica a imposição coativa das decisões adotadas pela Administração, que conta, para o cumprimento, com o emprego da força pública, caso haja resistência injustificada do particular em relação à obediência das manifestações regulares do poder de polícia.

Em outras palavras, o poder de polícia, na medida em que é autoexecutável, produz diretamente a coerção, isto é, coage o administrado a conduzir-se segundo as determinações administrativas (que, como mencionado, defluem diretamente do interesse público, deitando raízes profundas no princípio da dignidade da pessoa humana).

Como demonstração do exposto até o presente momento, vale a leitura do texto legal a seguir:

> AMBIENTAL. PROCESSUAL CIVIL. RECURSO ESPECIAL. INEXISTÊNCIA DE OMISSÃO. PROVA PERICIAL. DESNECESSIDADE. SÚMULA 7/STJ. AUTO DE INFRAÇÃO. NÃO HÁ VIOLAÇÃO DA SEGURANÇA JURÍDICA POR INEXISTÊNCIA DE UM DIREITO ADQUIRIDO A POLUIR. INVIÁVEL MITIGAR O PODER DE POLÍCIA SOB ALEGAÇÃO DE OFENSA A AMPLA DEFESA E AO CONTRADITÓRIO. PRAIA DO MADEIRO. RESTAURANTE LOCALIZADO EM PRAIA. BEM DE USO COMUM DO POVO. INVIÁVEL ANÁLISE DE MATEIRA FÁTICO-PROBATÓRIA.

FALÉSIA. ÁREA DE PRESERVAÇÃO PERMANENTE. TERRENO DE MARINHA. DOMÍNIO DA UNIÃO. LOCAL DE NIDIFICAÇÃO DE TARTARUGAS MARINHAS. PROPRIEDADE DO ESTADO. CONSTRUÇÃO ILEGAL. SÚMULA 7/STJ. [...] 3. O legítimo exercício do poder de polícia é imbuído de autoexecutoriedade, dispensa ordem judicial, nesse aspecto, diante da flagrante irregularidade – construção erigida em área de uso comum do povo e de desova de tartarugas –, o poder público tem o poder e o dever de realizar a notificação e o embargo do empreendimento. 4. Inaplicabilidade da teoria do fato consumado. Não há falar em direito adquirido à manutenção de situação que gere prejuízo ao meio ambiente. 5. O Tribunal a quo assegura – alicerçado na prova dos autos – que a área em que realizada a construção irregular é área de preservação permanente. Incide na espécie nítida violação do ordenamento jurídico, pois o restaurante está inserido: a) em terreno de marinha sem autorização da União; b) em Área de Preservação Permanente (falésias); c) em praia, bem de uso comum do povo; d) em superfície de nidificação de quelônios; e e) em razão de ausência de licenciamento ambiental. 6. Recurso especial conhecido em parte e, nessa extensão, nego-lhe provimento. (Brasil, 2018c)

No entanto, embora a autoexecutoriedade seja fundamental para que os atos administrativos de polícia possam ser aplicados, ainda assim há espaços em que, não sendo suficiente tal executoriedade, a Administração Pública pode recorrer ao Poder Judiciário. É como entende o Superior Tribunal de Justiça (STJ): "Esta Corte já reconheceu que o exercício do poder de polícia e a executoriedade dos atos administrativos não retira da Administração Pública o interesse de provocar o Poder Judiciário em busca de provimento jurisdicional" (Brasil, 2018a).

Portanto, mesmo com a possibilidade de autoexecução dos próprios atos e tendo em vista que a Administração Pública pode impor ao administrado a necessária disciplina para o exercício da autonomia privada, em cumprimento ao interesse público, se tal prerrogativa se mostrar insuficiente diante do caso concreto, é facultado à Administração socorrer-se do Poder Judiciário.

— 8.2 —
Limites do poder de polícia

O exercício do poder de polícia, devemos relembrar, tem por escopo principal a disciplina e a adequação dos comportamentos particulares e individuais ao interesse público. Por isso, a atuação administrativa coage o administrado a fazer ou não determinadas condutas. Entretanto, na percuciente observação de Marçal Justen Filho (2016), nessa característica está encartada uma séria ameaça ao Estado Democrático de Direito, pois, se o poder de polícia for mal utilizado, deixará de atender ao cidadão (que é seu objetivo último) e passará a lhe agredir a liberdade tão duramente conquistada. Por esse motivo, o poder de polícia não é ilimitado, mas demanda controle, o qual é exercido sobre os limites que o próprio sistema constitucional, por meio do regime jurídico administrativo, confere ao exercício de tão nobre função administrativa.

A ameaça mais clara, e que representa a maioria das situações que envolvem a limitação de direitos individuais, é veiculada por atos discricionários, os quais demandam, assim, maior atenção e controle. Obviamente, tais atos também podem causar agressão a direitos fundamentais, mas essa agressão, com frequência, importa violação à legalidade e, portanto, é mais facilmente debelada.

No caso dos atos discricionários, ao revés, é importante que se verifique, para efeitos de controle, a motivação do ato, sua adequação à situação concreta e os contornos máximos da esfera de liberdade conferida pela lei[1].

Discricionariedade *versus* vinculação

- **Discricionariedade:** diz-se *discricionário* o ato administrativo em que a lei confere ao administrador público margem de atuação na situação concreta. Isto é, há uma possível escolha administrativa envolvida, desde que esta não desborde dos limites legais e seja motivada (escolhas arbitrárias, despidas de adequada motivação, geram atos nulos). É o caso da autorização para o porte de armas, que pode ou não ser conferida a partir do sopesamento de diversos fatores pelo agente administrativo. Salientamos que tanto o ato

---

1 O tema é complexo e demanda maior aprofundamento, motivo pelo qual sugerimos consulta à obra de Maria Sobrinho (2020, p. 163-178).

autorizador quanto aquele que nega a autorização requerida devem ser motivados, na medida em qualquer um dos caminhos importa uma escolha do administrador, a qual deve ser fundamentada, a fim de viabilizar o controle do ato emitido.

- **Vinculação**: há situações em que o agente público deve agir em conformidade com o único modo conferido pela lei. Isto é, dado o desenho legal, que exige determinados requisitos, não há margem de escolha para o agente público, que estará, então, *vinculado* à motivação representada pela própria determinação legal. É o caso das licenças: se o particular preencher os requisitos legais, haverá direito subjetivo de realizar tal atividade (a exemplo da licença para dirigir), não sendo facultado à Administração Pública negar a licença requerida, visto que sequer há espaço para a motivação (esta já vem dada pela lei).

Sobre a discricionariedade no exercício do poder de polícia, a Administração Pública deve pautar-se pela incidência dos princípios da razoabilidade e da proporcionalidade. Esse é o entendimento do STJ:

> PROCESSUAL CIVIL E ADMINISTRATIVO. AGRAVO REGIMENTAL NO AGRAVO EM RECURSO ESPECIAL. EXECUÇÃO FISCAL. PODER DE POLÍCIA. INFRAÇÃO ADMINISTRATIVA. MULTA. PROPORCIONALIDADE. REEXAME. IMPOSSIBILIDADE.

INCIDÊNCIA DA SÚMULA 7/STJ. AGRAVO REGIMENTAL IMPROVIDO.

I. Restou consignado, no acórdão recorrido, que "a multa está dentro do patamar fixado na lei, agindo a autoridade administrativa a partir da discricionariedade na fixação do quantum e com razoabilidade, sendo desnecessário declinar outros fundamentos A infração foi considerada leve, tendo o INMETRO a possibilidade de fixar a multa entre o mínimo de R$ 100,00 e o máximo de R$ 50.000, 00. O montante aplicado (R$ 1.277,95) é adequado à infração (venda de refrigerador sem a etiqueta nacional de conservação de energia) porque se trata de empresa muito conhecida, com muitas filiais e a fixação no patamar mínimo não atingiria a finalidade pretendida pela multa". Assim, para infirmar as conclusões do julgado seria necessário, inequivocamente, incursão na seara fático-probatória, inviável, na via eleita, a teor do enunciado sumular 7/STJ. II. Agravo Regimental improvido. (Brasil, 2016a)

Portanto, além dos limites constitucionais e legais, o administrador público deve observar rigorosamente o **princípio da proporcionalidade** em suas três dimensões (ou subprincípios), conforme identificadas por Virgílio Afonso da Silva (2002):

- **Adequação**: há interesse público que justifique o exercício do poder de polícia?
- **Necessidade**: o meio escolhido pelo administrador é o único que atende ao caso ou há medida alternativa que seja menos restritiva para o direito que está sendo limitado?

- **Proporcionalidade em sentido estrito:** no sopesamento entre o interesse público tutelado pelo poder de polícia e o direito individual restringido, há um equilíbrio?

Procedendo dessa forma, o ato discricionário torna-se controlado e adstrito ao próprio campo de atuação, sem qualquer risco de desbordar de seus limites e atingir direitos fundamentais.

Quanto à atividade vinculada, também há exercício de poder de polícia, mas, nessa hipótese, não existe, por parte do administrador, qualquer decisão a ser tomada – apenas a verificação sobre a presença dos elementos ensejadores do controle. É como destaca, por exemplo, a jurisprudência do STJ relativa à proteção da saúde pública:

> PROCESSUAL CIVIL. CONSUMIDOR. TUTELA COLETIVA. PROTEÇÃO DA SAÚDE. LEGITIMIDADE DO MINISTÉRIO PÚBLICO. INTERESSE DE AGIR. CESSAÇÃO DA ATIVIDADE NOCIVA. ART. 11 DA LEI 7.347/85. PODER DE POLÍCIA SANITÁRIA. ATIVIDADE VINCULADA E NÃO DISCRICIONÁRIA. POSSIBILIDADE DE ATUAÇÃO DO JUIZ. POLÍTICA PÚBLICA. INEXISTÊNCIA DE OFENSA AO PRINCÍPIO DA SEPARAÇÃO DOS PODERES.
>
> 1. Trata-se de Recurso Especial contra acórdão que extinguiu o feito sem apreciação do mérito, sob o argumento de impossibilidade de o Judiciário substituir a Administração na aplicação de sanções administrativas decorrentes do poder de polícia.
>
> 2. Na origem, o Ministério Público do Estado do Rio de Janeiro ajuizou Ação Civil Pública requerendo a imposição de sanções,

entre elas o cancelamento da autorização ou do alvará para funcionamento da empresa, em virtude de irregularidades apuradas pela Vigilância Sanitária.

3. Merece reforma o posicionamento esposado pelo Tribunal de origem, segundo o qual 'a Administração Pública tem poder de polícia e suas características de discricionariedade, a autoexecutoriedade e a coercibilidade, sendo desnecessária a intervenção do Poder Judiciário'.

4. A legitimação do Ministério Público na tutela de interesses e direitos difusos e coletivos é, material e processualmente, amplíssima, incluindo requerer a cessação de atividade nociva aos bens jurídicos tutelados (art. 11 da Lei 7.347/85).

5. O juiz pode determinar que a Administração Pública adote medidas assecuratórias de direitos reconhecidos como essenciais, sem que isso configure afronta do princípio da separação dos Poderes. Exercício de poder de polícia não integra a esfera da discricionariedade administrativa. Ao contrário, trata-se de encargo absolutamente vinculado, pois não é dado ao administrador, nesse mister, a pretexto de conveniência e oportunidade, agir se, quando ou como quiser. Em rigor, omitir-se, quando deveria atuar, pode caracterizar inclusive improbidade administrativa e infração disciplinar. Daí a possibilidade de o Judiciário sindicar o cumprimento do munus estatal, sem que isso importe incursão indevida na competência exclusiva de outro Poder.

6. Recurso Especial parcialmente conhecido e, nessa parte, provido. (Brasil, 2020d)

Em resumo, quando houver margem discricionária, o controle do atos de polícia administrativa discricionários ocorre por meio da legalidade, da razoabilidade e da proporcionalidade, ao passo que, nas hipóteses de vinculação, o limite já vem preestabelecido diretamente na lei.

Capítulo 9

Delegação do poder de polícia

No presente capítulo, abordaremos a delegação do poder de polícia no contexto dos novos formatos que o Estado assumiu após a grande reforma administrativa levada a cabo na segunda metade da década de 1990 e na primeira metade da década de 2000.

— 9.1 —
Estado regulador e a nova face do poder de polícia

Nos últimos 25 anos, após a redemocratização, o Brasil sofreu uma transformação profunda do Estado, que passou a assumir mais um perfil regulador, entregando muitos dos serviços públicos para a concessão de particulares, em intenso uso da permissão constitucional veiculada nos arts. 173 e 175. Com isso, passou-se a ter prestação de serviço público por agentes privados, sob regime de concessão ou permissão, cabendo ao Estado a tarefa de regular as atividades entregues à exploração do particular, com a garantia, assim, de atendimento ao interesse público visando à realização da dignidade da pessoa humana.

Nesse contexto, e diante do fato de que as atividades consideradas serviços públicos que originariamente estavam sob controle direto do Estado passaram a ser exercidas por agentes privados, tornou-se importante promover o exame do exercício de poder de polícia sob regime de delegação a agentes que não o Estado (ou, ao menos, não a esfera estatal competente para o exercício desse poder de polícia).

Desse modo, abriram-se duas diferentes possibilidades de concessão de serviço público: (1) para outros entes da federação; (2) para agentes privados. Igualmente, a delegação de poder de polícia ocorre em duas diferentes vias: (1) para outros entes da federação; (2) para agentes privados.

É o que examinaremos no presente capítulo.

— 9.2 —
Entre os entes federativos

No primeiro caso, o exercício do poder de polícia por delegação se efetiva entre entes federativos de diferentes esferas de atuação, isto é, é exercido por um ente federativo diferente daquele competente para o exercício, mas este o fará sem invasão de competência, ou seja, a partir de formal delegação que o permita agir como se fosse detentor da competência.

Essa modalidade de delegação de poder de polícia entre entes federativos, segundo o posicionamento doutrinário de Heraldo Garcia Vitta (2010), é possível por meio de convênio, desde que seja nos termos da competência comum estabelecida no art. 23 da Constituição. Para o autor, não seria possível a delegação do poder de polícia em matérias que não fossem de competência comum.

A jurisprudência do Supremo Tribunal Federal (STF), diversamente, entende não apenas ser possível o exercício de poder de polícia por outro ente da federação no âmbito da competência comum. Indo além, o STF compreende que, nos casos em que há convênio, não se faz necessária a competência comum dos entes, como podemos conferir nos seguintes julgados:

Federação: competência comum: proteção do patrimônio comum, incluído o dos sítios de valor arqueológico (CF, arts. 23, III, e 216, V): encargo que não comporta demissão unilateral. 1. L. est. 11.380, de 1999, do Estado do Rio Grande do Sul, confere aos municípios em que se localizam a proteção, a guarda e a responsabilidade pelos sítios arqueológicos e seus acervos, no Estado, o que vale por excluir, a propósito de tais bens do patrimônio cultural brasileiro (CF, art. 216, V), o dever de proteção e guarda e a consequente responsabilidade não apenas do Estado, mas também da própria União, incluídas na competência comum dos entes da Federação, que substantiva incumbência de natureza qualificadamente irrenunciável. 2. A inclusão de determinada função administrativa no âmbito da competência comum não impõe que cada tarefa compreendida no seu domínio, por menos expressiva que seja, haja de ser objeto de ações simultâneas das três entidades federativas: donde, a previsão, no parágrafo único do art. 23 CF, de lei complementar que fixe normas de cooperação (v. sobre monumentos arqueológicos e pré-históricos, a L. 3.924/61), cuja edição, porém, é da competência da União e, de qualquer modo, não abrange o poder de demitirem-se a União ou os Estados dos encargos constitucionais de proteção dos bens de valor arqueológico para descarregá-los ilimitadamente sobre os Municípios. 3. Ação direta de inconstitucionalidade julgada procedente. (Brasil, 2016b)

QUESTÃO DE ORDEM. MEDIDA CAUTELAR. LIMINAR QUE CONFERIU EFEITO SUSPENSIVO A RECURSO EXTRAORDINÁRIO. REFERENDO DA TURMA. INCISOS IV E V DO ART. 21 DO RI/STF. CONVÊNIO CELEBRADO ENTRE O EXTINTO DEPARTAMENTO NACIONAL DE ESTRADAS DE RODAGEM – DNER E O DEPARTAMENTO DE ESTRADAS DE RODAGEM – DER DO ESTADO DO PARANÁ. DELEGAÇÃO, À POLÍCIA MILITAR DO ESTADO DO PARANÁ, DA ATRIBUIÇÃO DE FISCALIZAR E PATRULHAR OS TRECHOS DAS RODOVIAS FEDERAIS LOCALIZADAS NAQUELE ESTADO. INVALIDAÇÃO, PELO PODER JUDICIÁRIO, DE TODOS OS ATOS ADMINISTRATIVOS PRATICADOS COM BASE NA MENCIONADA AVENÇA. POSSÍVEL VIOLAÇÃO AO POSTULADO DA SEGURANÇA JURÍDICA. As peças que instruem estes autos dão conta de que, por trinta e um anos (de 1978 a 2009), a Polícia Militar do Estado do Paraná realizou o patrulhamento ostensivo nas rodovias federais daquele ente, com base no Convênio PG-040/78. Mais: desde 24.01.2006, o desempenho das atribuições previstas no mencionado convênio estava amparado por decisão judicial transitada em julgado. Ao retirar do mundo jurídico (em sede de ação rescisória) os atos administrativos praticados, após 11.11.1997, com base na mencionada avença, o Tribunal Regional Federal da 4ª Região aparentemente violou o postulado da segurança jurídica. Presença dos pressupostos autorizadores da medida. Questão de ordem que se resolve pelo referendo da decisão concessiva do efeito suspensivo ao apelo extremo. (Brasil, 2012c)

Desse modo, o STF entende que o poder de polícia pode ser delegado, mas não limita essa delegação e esse convênio às matérias que são objeto de competência comum. Em outras palavras, se houver convênio formalizando a delegação, esta será possível.

— 9.3 —
Para os particulares

Se a delegação do poder de polícia para outros entes federados é menos polêmico – está-se, afinal, tratando de exercício de soberania estatal –, o mesmo já não acontece quando a delegação é realizada a agentes privados (particulares). Ocorre que o poder de polícia toca de perto o cerne da própria atividade estatal, consubstanciada no exercício de soberania. De fato, a posição diferenciada da Administração Pública em relação aos particulares (já revelando o princípio da soberania do interesse público sobre o particular) radica-se no próprio exercício de soberania, traduzido em poder do Estado. Certamente, um Estado que não puder exercer sua soberania será despido de poder e não conseguirá impor o interesse público, submetendo-se a interesses privados.

Sob outra perspectiva, a delegação de poder de polícia aos **agentes particulares significaria a cooptação do interesse público por interesses privados**, os quais frequentemente são alheios às necessidades públicas e não estão preocupados com a concretização do princípio da dignidade da pessoa humana.

Para solver o problema, segundo Aline Lícia Klein (2019, p. 372), a doutrina inclina-se pelo entendimento de que atos materiais ou de mera verificação ou técnicos instrumentais preparatórios ou sucessivos do exercício do poder de polícia ou ainda de mera execução sejam exercidos por entidades privadas. Justifica-se tal possibilidade porque o ato decisório, de exercício de poder de polícia propriamente dito, continuaria sendo praticado pelo Poder Público.

Essa é a orientação de autores como Celso Antônio Bandeira de Mello (2015), que entende ser possível a delegação de atos materiais preparatórios (por exemplo, os radares eletrônicos), bem como de atos materiais posteriores (como a contratação de empresa para demolir obra irregular). Por sua vez, Carvalho Filho (2018) entende que, nessas situações, não há de se falar em delegação do poder de polícia, mas em simples **operacionalização** material.

O tema é objeto da jurisprudência do STF:

> DIREITO CONSTITUCIONAL E ADMINISTRATIVO. AÇÃO DIRETA DE INCONSTITUCIONALIDADE DO ART. 58 E SEUS PARÁGRAFOS DA LEI FEDERAL Nº 9.649, DE 27.05.1998, QUE TRATAM DOS SERVIÇOS DE FISCALIZAÇÃO DE PROFISSÕES REGULAMENTADAS. 1. Estando prejudicada a Ação, quanto ao § 3º do art. 58 da Lei nº 9.649, de 27.05.1998, como já decidiu o Plenário, quando apreciou o pedido de medida cautelar, a Ação Direta é julgada procedente, quanto ao mais, declarando-se a inconstitucionalidade do "caput" e dos § 1º, 2º, 4º, 5º, 6º, 7º e 8º do mesmo art. 58. 2. Isso porque a interpretação conjugada dos artigos 5º, XIII, 22, XVI, 21, XXIV, 70, parágrafo

único, 149 e 175 da Constituição Federal, leva à conclusão, no sentido da indelegabilidade, a uma entidade privada, de atividade típica de Estado, que abrange até poder de polícia, de tributar e de punir, no que concerne ao exercício de atividades profissionais regulamentadas, como ocorre com os dispositivos impugnados. 3. Decisão unânime. (Brasil, 2003)

RECURSO EXTRAORDINÁRIO. REPERCUSSÃO GERAL. TEMA 532. DIREITO CONSTITUCIONAL E ADMINISTRATIVO. PRELIMINARES DE VIOLAÇÃO DO DIREITO À PRESTAÇÃO JURISDICIONAL ADEQUADA E DE USURPAÇÃO DA COMPETÊNCIA DO SUPREMO TRIBUNAL FEDERAL AFASTADAS. PODER DE POLÍCIA. TEORIA DO CICLO DE POLÍCIA. DELEGAÇÃO A PESSOA JURÍDICA DE DIREITO PRIVADO INTEGRANTE DA ADMINISTRAÇÃO PÚBLICA INDIRETA. SOCIEDADE DE ECONOMIA MISTA. PRESTADORA DE SERVIÇO PÚBLICO DE ATUAÇÃO PRÓPRIA DO ESTADO. CAPITAL MAJORITARIAMENTE PÚBLICO. REGIME NÃO CONCORRENCIAL. CONSTITUCIONALIDADE. NECESSIDADE DE LEI FORMAL ESPECÍFICA PARA DELEGAÇÃO. CONTROLE DE ABUSOS E DESVIOS POR MEIO DO DEVIDO PROCESSO. CONTROLE JUDICIAL DO EXERCÍCIO IRREGULAR. INDELEGABILIDADE DE COMPETÊNCIA LEGISLATIVA. 1. O Plenário deste Supremo Tribunal reconheceu repercussão geral ao thema decidendum, veiculado nos autos destes recursos extraordinários, referente à definição da compatibilidade constitucional da delegação do poder de polícia administrativa a pessoas jurídicas de direito privado integrantes da Administração Pública indireta prestadoras de serviço público. 2. O poder de polícia significa toda e qualquer ação restritiva do Estado em relação aos direitos individuais. Em sentido estrito, poder de polícia caracteriza uma atividade administrativa, que consubstancia verdadeira prerrogativa conferida aos agentes da Administração, consistente no poder de delimitar a liberdade e a propriedade. 3. A teoria do ciclo de polícia demonstra que o poder de polícia se desenvolve em quatro fases, cada uma correspondendo a um modo de atuação estatal: (i) a ordem de polícia, (ii) o consentimento de polícia, (iii) a fiscalização de polícia e (iv) a sanção de polícia. 4. A extensão de regras do regime de direito público a pessoas jurídicas de direito privado integrantes da Administração Pública indireta, desde que prestem serviços públicos de atuação própria do Estado e em regime não concorrencial é admissível pela jurisprudência da Corte. (Precedentes: RE 225.011, Rel. Min. Marco Aurélio, Red. p/ o acórdão Min. Maurício Corrêa, Tribunal Pleno, julgado em 16/11/2000, DJ 19/12/2002; RE 393.032-AgR, Rel. Min. Cármen Lúcia, Primeira Turma, DJe 18/12/2009; RE 852.527-AgR, Rel. Min. Cármen Lúcia, Segunda Turma, DJe 13/2/2015). 5. A constituição de uma pessoa jurídica integrante da Administração Pública indireta sob o regime de direito privado não a impede de ocasionalmente ter o seu regime aproximado daquele da Fazenda Pública, desde que não atue em regime concorrencial. 6. Consectariamente, a Constituição, ao autorizar a criação de empresas públicas e sociedades de economia mista que tenham por objeto exclusivo a prestação de serviços públicos de atuação típica do Estado e em regime não concorrencial, autoriza, consequentemente, a delegação dos meios necessários à realização do serviço público delegado. Deveras: a) A admissão de empregados públicos deve ser precedida de concurso público, característica que não se coaduna com a despedida imotivada; b) o RE 589.998, esta

Corte reconheceu que a ECT, que presta um serviço público em regime de monopólio, deve motivar a dispensa de seus empregados, assegurando-se, assim, que os princípios observados no momento da admissão sejam, também, respeitados por ocasião do desligamento; c) Os empregados públicos se submetem, ainda, aos princípios constitucionais de atuação da Administração Pública constantes do artigo 37 da Carta Política. Assim, eventuais interferências indevidas em sua atuação podem ser objeto de impugnação administrativa ou judicial; d) Ausente, portanto, qualquer incompatibilidade entre o regime celetista existente nas estatais prestadoras de serviço público em regime de monopólio e o exercício de atividade de polícia administrativa pelos seus empregados. 7. As estatais prestadoras de serviço público de atuação própria do Estado e em regime não concorrencial podem atuar na companhia do atributo da coercibilidade inerente ao exercício do poder de polícia, mormente diante da atração do regime fazendário. 8. In casu, a Empresa de Transporte e Trânsito de Belo Horizonte – BHTRANS pode ser delegatária do poder de polícia de trânsito, inclusive quanto à aplicação de multas, porquanto se trata de estatal municipal de capital majoritariamente público, que presta exclusivamente serviço público de atuação própria do Estado e em regime não concorrencial, consistente no policiamento do trânsito da cidade de Belo Horizonte. [...] 12. Ex positis, voto no sentido de (i) CONHECER e DAR PROVIMENTO ao recurso extraordinário interposto pela Empresa de Transporte e Trânsito de Belo Horizonte – BHTRANS e (ii) de CONHECER e NEGAR PROVIMENTO ao recurso extraordinário interposto pelo Ministério Público do Estado de Minas Gerais, para reconhecer a compatibilidade constitucional da delegação da atividade de policiamento de trânsito à Empresa de Transporte e Trânsito de Belo Horizonte – BHTRANS, nos limites da tese jurídica objetivamente fixada pelo Pleno do Supremo Tribunal Federal. 13. Repercussão geral constitucional que assenta a seguinte tese objetiva: "É constitucional a delegação do poder de polícia, por meio de lei, a pessoas jurídicas de direito privado integrantes da Administração Pública indireta de capital social majoritariamente público que prestem exclusivamente serviço público de atuação própria do Estado e em regime não concorrencial". (Brasil, 2020p)

Também o Superior Tribunal de Justiça (STJ) julgou a questão:

> ADMINISTRATIVO. PODER DE POLÍCIA. TRÂNSITO. SANÇÃO PECUNIÁRIA APLICADA POR SOCIEDADE DE ECONOMIA MISTA. IMPOSSIBILIDADE. [...] 2. No que tange ao mérito, convém assinalar que, em sentido amplo, poder de polícia pode ser conceituado como o dever estatal de limitar-se o exercício da propriedade e da liberdade em favor do interesse público. A controvérsia em debate é a possibilidade de exercício do poder de polícia por particulares (no caso, aplicação de multas de trânsito por sociedade de economia mista). 3. As atividades que envolvem a consecução do poder de polícia podem ser sumariamente divididas em quatro grupos, a saber: (i) legislação, (ii) consentimento, (iii) fiscalização e (iv) sanção. 4. No âmbito da limitação do exercício da propriedade e da liberdade no trânsito, esses grupos ficam bem definidos: o CTB estabelece normas genéricas e abstratas para a obtenção da Carteira Nacional de Habilitação (legislação); a emissão

da carteira corporifica a vontade o Poder Público (consentimento); a Administração instala equipamentos eletrônicos para verificar se há respeito à velocidade estabelecida em lei (fiscalização); e também a Administração sanciona aquele que não guarda observância ao CTB (sanção). 5. Somente os atos relativos ao consentimento e à fiscalização são delegáveis, pois aqueles referentes à legislação e à sanção derivam do poder de coerção do Poder Público. 6. No que tange aos atos de sanção, o bom desenvolvimento por particulares estaria, inclusive, comprometido pela busca do lucro-aplicação de multas para aumentar a arrecadação. 7. Recurso especial provido. (Brasil, 2009b)

Desse modo, o STF entende, em princípio, ser indelegável o poder de polícia a entidades particulares, mas, de acordo com o entendimento doutrinário, sustenta a possibilidade de exercício de atos que envolvam consentimento ou fiscalização por particulares – isto é, quando a essas dimensões o poder de polícia seria delegável (a decisão foi tomada no julgamento do Tema 532). O STJ, por seu lado, orienta-se no exato mesmo sentido.

Parte III

Fomento estatal

Ricardo Kleine de Maria Sobrinho

Capítulo 10

*Considerações introdutórias
sobre fomento estatal*

Neste capítulo, estudaremos o que é o fomento e como ele é utilizado pelo Estado para realizar intervenção na ordem econômica.

— 10.1 —
Fomento como modalidade de intervenção no domínio econômico

Há muito tempo, o fomento está presente na atividade estatal brasileira, embora a ele, tradicionalmente, tenha sido dada pouca atenção pela doutrina do direito administrativo. A transformação sofrida pelo Estado a partir das profundas reformas administrativas ocorridas desde meados da década de 1990 acabou por reposicionar o estudo do fomento, especialmente porque, qualificado como modalidade de intervenção estatal no domínio econômico, ele passou a assumir maior destaque no âmbito do Estado regulador, que foi sendo paulatinamente estruturado no cerne da referida reforma administrativa.

Para melhor compreender as modalidades de intervenção no domínio econômico, mais bem estudadas em obras ligadas ao direito econômico, elaboramos a Figura 10.1, a seguir.

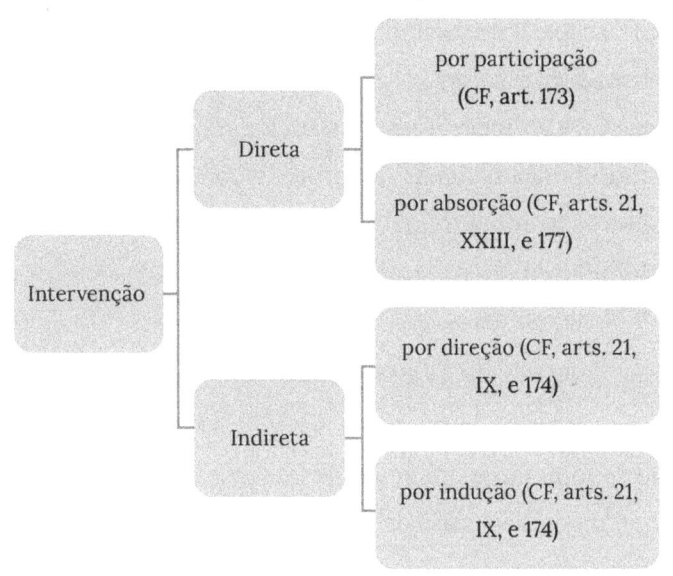

Figura 10.1 – Modalidades de intervenção na ordem econômica

- Intervenção
  - Direta
    - por participação (CF, art. 173)
    - por absorção (CF, arts. 21, XXIII, e 177)
  - Indireta
    - por direção (CF, arts. 21, IX, e 174)
    - por indução (CF, arts. 21, IX, e 174)

Fonte: Elaborada com base em Brasil, 1988.

- **Intervenção direta por participação**: modalidade de intervenção realizada pelo Estado, que atua em concorrência com os agentes privados quando determinadas condições estipuladas pelo art. 173 da Constituição Federal de 1988 estão presentes: interesse coletivo (interesse público) ou segurança nacional.

- **Intervenção direta por absorção**: modalidade que abrange determinadas atividades que devem ser fornecidas pelo Estado com exclusividade, em regime de monopólio, excluindo, assim, a atuação dos agentes privados.

- **Intervenção indireta por direção**: modalidade na qual a normatização estatal delimita os comportamentos econômicos possíveis do particular. Aqui se insere a atividade regulatória.
- **Intervenção indireta por indução**: modalidade na qual o Estado busca ordenar os fatores econômicos, exercendo sobre os agentes influências que produzam determinados resultados economicamente almejados. Aqui se insere a atividade de fomento.

Como modalidade de intervenção estatal, e utilizando a classificação estruturada na figura anterior, verificamos que a atividade de fomento é um modo de intervenção estatal no domínio econômico, realizado de modo indireto, e que busca induzir comportamentos.

Assim, trata-se do principal instrumento estatal para a busca do desenvolvimento econômico e social presente nos objetivos constitucionais. Para entendermos como essa atividade é implementada, analisaremos o regime constitucional do fomento e seus agentes de execução: bancos estatais, bancos de desenvolvimento e agências de fomento. Os incentivos tributários, regimes diferenciados para micro e pequenas empresas, e as transferências de recursos para entidades do terceiro setor também serão objeto de análise. Por fim, abordaremos as formas de controle dessa atividade levando em consideração a proporcionalidade.

Antes, porém, é preciso nos debruçarmos sobre o conceito de fomento.

— 10.2 —
Conceito de fomento

Com fundamento nas noções de intervenção no domínio econômico que recém-estudamos, podemos adotar o conceito elaborado por Marçal Justen Filho (2016, p. 857) para *fomento*: "atividade administrativa de intervenção no domínio econômico para incentivar condutas dos sujeitos privados mediante a outorga de benefícios diferenciados, inclusive mediante a aplicação de recursos financeiros, visando a promover o desenvolvimento econômico e social".

Sobre os delineamentos do que seja o fomento e sua forma de atuação, especificamente no âmbito das organizações sociais, o Supremo Tribunal Federal (STF) assim se pronunciou:

> 2. Os setores de saúde (CF, art. 199, *caput*), educação (CF, art. 209, *caput*), cultura (CF, art. 215), desporto e lazer (CF, art. 217), ciência e tecnologia (CF, art. 218) e meio ambiente (CF, art. 225) configuram serviços públicos sociais, em relação aos quais a Constituição, ao mencionar que "*são deveres do Estado e da Sociedade*" e que são "*livres à iniciativa privada*", permite a atuação, por direito próprio, dos particulares, sem que para tanto seja necessária a delegação pelo poder público, de forma que não incide, *in casu*, o art. 175, *caput*, da Constituição. 3. A atuação do poder público no domínio econômico e social pode ser viabilizada por intervenção direta ou indireta, disponibilizando utilidades materiais aos beneficiários, no primeiro caso, ou fazendo uso, no segundo caso, de seu instrumental

jurídico para induzir que os particulares executem atividades de interesses públicos através da regulação, com coercitividade, ou através do fomento, pelo uso de incentivos e estímulos a comportamentos voluntários. 4. Em qualquer caso, o cumprimento efetivo dos deveres constitucionais de atuação estará, invariavelmente, submetido ao que a doutrina contemporânea denomina de *controle da Administração Pública sob o ângulo do resultado* (Diogo de Figueiredo Moreira Neto). 5. O marco legal das Organizações Sociais inclina-se para a atividade de fomento público no domínio dos serviços sociais, entendida tal atividade como a disciplina não coercitiva da conduta dos particulares, cujo desempenho em atividades de interesse público é estimulado por sanções premiais, em observância aos princípios da consensualidade e da participação na Administração Pública. 6. A finalidade de fomento, *in casu*, é posta em prática pela cessão de recursos, bens e pessoal da Administração Pública para as entidades privadas, após a celebração de contrato de gestão, o que viabilizará o direcionamento, pelo Poder Público, da atuação do particular em consonância com o interesse público, através da inserção de metas e de resultados a serem alcançados, sem que isso configure qualquer forma de renúncia aos deveres constitucionais de atuação. 7. Na essência, preside a execução deste programa de ação institucional a lógica que prevaleceu no jogo democrático, de que a atuação privada pode ser mais eficiente do que a pública em determinados domínios, dada a agilidade e a flexibilidade que marcam o regime de direito privado. [...]. (Brasil, 2015a, grifo do original)

O que percebemos, portanto, é que o fomento busca incentivar a atividade econômica, orientando-a para o cumprimento de finalidades públicas. Por isso, no dizer de Floriano Azevedo Marques Neto (2019a, p. 419), "pelo fomento, o Estado, (i) sem tomar para si a titularidade de uma atividade ou o compromisso de oferecê-la, (ii) emite comandos normativos e, assim, (iii) assume o papel de orientar e direcionar a atuação dos agentes privados no sentido de um interesse considerado coletivo".

É evidente, assim, que, visando cumprir objetivos estatais (em última análise, interesse público), a atividade de fomento apresenta algumas características que lhe são peculiares e que a distinguem de toda e qualquer outra atividade administrativa.

— 10.3 —
Características da atividade de fomento

Distinguindo a atividade de fomento de outras diversas atividades administrativas exercidas pelo Estado, Rafael Carvalho Rezende de Oliveira (2020) apresenta as seguintes características:

- **Consensualidade**: o Estado incentiva comportamentos privados, induzindo-os. Ao contrário do que se passa com o poder de polícia, o agente privado não está obrigado a aderir, mas se espera que o estímulo produzido seja suficientemente forte para que o particular escolha o comportamento visado pela Administração Pública.

- **Setorialidade**: o Estado, com base no planejamento de políticas públicas, elege determinados setores econômicos e sociais da realidade para implementar o fomento e estimular atividades que julga essenciais para o cumprimento dos objetivos estatais traçados pela Constituição.
- **Motivação**: o estímulo produzido pelo Estado não pode ser aleatório e deve haver adequação entre esse estímulo e as políticas públicas concretizadoras dos comandos constitucionais. Por isso, o fomento deve ser motivado, isto é, o Estado deve apresentar os argumentos que justificam o tratamento diferenciado para determinado setor.
- **Impessoalidade**: os beneficiários da atividade fomentadora devem ser escolhidos por um processo administrativo objetivo, evitando favorecimentos pessoais e atendendo ao princípio da impessoalidade administrativa.
- **Transitoriedade**: como regra, o fomento deve ser uma atividade transitória, cessando-se quando o objetivo tiver sido alcançado, sob pena de causar distorção ofensiva aos próprios objetivos constitucionais que servem de base ao fomento.

De todas as características apresentadas, a impessoalidade é aquela que transpassa todo e qualquer ato ou atividade administrativos, pois a atuação administrativa não pode ser pessoal, sob pena de ofensa direta a princípio constitucional integrante do regime jurídico administrativo. A justificação é partilhada com os atos administrativos discricionários pois, tal como eles, o fomento depende de decisões (escolhas) da Administração Pública. A setorialidade, a consensualidade e a transitoriedade são, por sua vez, características inerentes à própria ideia que está no cerne do conceito de fomento: a intervenção em determinados setores econômico-sociais, de modo a promover o atendimento aos objetivos constitucionais frequentemente traduzidos em interesse público.

— 10.4 —
Classificação

Rafael Carvalho Rezende de Oliveira (2020, p. 548-549) formula uma proposta de classificação da atividade de fomento, a qual pode ser mais bem visualizada na Figura 10.2, a seguir.

Figura 10.2 – Classificação da atividade de fomento

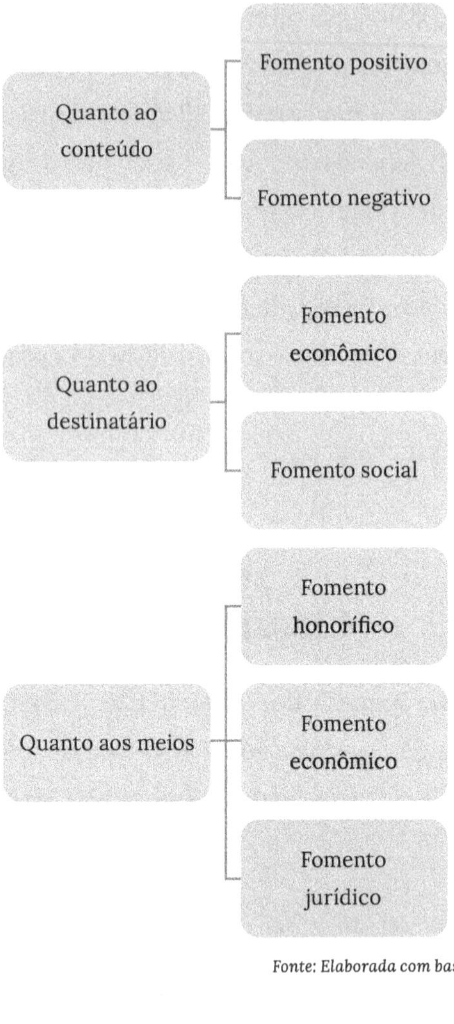

- Quanto ao conteúdo
  - Fomento positivo
  - Fomento negativo
- Quanto ao destinatário
  - Fomento econômico
  - Fomento social
- Quanto aos meios
  - Fomento honorífico
  - Fomento econômico
  - Fomento jurídico

Fonte: Elaborada com base em Oliveira, 2020.

- **Quanto ao conteúdo**
  - **Positivo:** consiste na realização de condutas estatais que conferem benesses aos beneficiários, por exemplo, a cessão de bens públicos para o desenvolvimento de uma atividade relevante.
  - **Negativo:** ocorre a partir de condutas estatais que impõem barreiras a determinado setor, por exemplo, a majoração de tributos em relação ao cigarro.
- **Quanto ao destinatário**
  - **Econômico:** incentivos relacionados à ordem econômica, presentes a partir do art. 170 da Constituição de 1988.
  - **Social:** incentivos relacionados à ordem social, presentes a partir do art. 193 da Constituição de 1988.
- **Quanto aos meios**
  - **Honorífico:** reconhecimento de caráter público, por exemplo, título de cidadão honorário concedido pelo Poder Legislativo.
  - **Econômico:** benesses de cunho econômico, por exemplo, empréstimos com taxas de juros diferenciada.
  - **Jurídico:** tratamento jurídico diferenciado e com benesses, como é o caso de repasse de dinheiro público para uma organização da sociedade civil.

Capítulo 11

*Fomento na
Constituição de 1988*

No presente capítulo, vamos examinar o tratamento dado ao fomento na Constituição de 1988.

— 11.1 —
Finalidade constitucional

Se o objetivo precípuo da atividade de fomento é promover intervenção econômica em determinado setor para que se cumpra o interesse público derivado das escolhas constitucionais, então podemos localizar a finalidade constitucional do fomento nos objetivos fundamentais que a Constituição Federal de 1988 designa para o Estado brasileiro em seu art. 3º:

> Art. 3º Constituem objetivos fundamentais da República Federativa do Brasil:
>
> I – construir uma sociedade livre, justa e solidária;
>
> II – garantir o desenvolvimento nacional;
>
> III – erradicar a pobreza e a marginalização e reduzir as desigualdades sociais e regionais;
>
> IV – promover o bem de todos, sem preconceitos de origem, raça, sexo, cor, idade e quaisquer outras formas de discriminação. (Brasil, 1988)

Ao analisarmos esses objetivos fundamentais, percebemos que há certa vagueza em sua dicção, pois todos os comandos se utilizam de expressões abertas. Isso acontece porque os critérios de liberdade, justiça e igualdade variam conforme o tempo e o tecido social – influindo e sendo influenciados por este. Assim, a construção de uma sociedade livre, justa e solidária é um objetivo que não pode ser mensurado de imediato, nem é necessariamente atingível em sua plenitude, visto que sua concepção varia no tempo conforme a evolução do tecido social. Permanece, todavia, como meta, e a construção social deve, a cada dia, ser mais livre, mais justa e mais solidária do que no dia anterior.

O mesmo raciocínio é aplicável aos outros três objetivos elencados no texto constitucional – que, se não podem ser exatamente cumpridos, servem sempre de meta para as políticas públicas elaboradas a cada momento social de vida da nação.

Dessa maneira, todos os quatro objetivos são informadores do interesse público e fornecem métricas para se averiguar se uma mínima dignidade da pessoa humana, vetor de orientação do interesse público, está sendo cumprida.

Sob essa perspectiva, o fomento é uma valiosa ferramenta para o cumprimento dos objetivos constitucionais. Por isso, sua finalidade pode ter raízes traçadas até os objetivos constitucionalmente eleitos pelo art. 3º da Carta Magna.

Nesse sentido, o Supremo Tribunal Federal (STF) reconhece que o fomento serve ao incentivo de atividades consideradas básicas para a própria construção da nação, como é o caso da educação, ao se fornecer um piso salarial mínimo para os professores da rede de ensino público:

CONSTITUCIONAL. FINANCEIRO. PACTO FEDERATIVO E REPARTIÇÃO DE COMPETÊNCIA. PISO NACIONAL PARA OS PROFESSORES DA EDUCAÇÃO BÁSICA. CONCEITO DE PISO: VENCIMENTO OU REMUNERAÇÃO GLOBAL. RISCOS FINANCEIRO E ORÇAMENTÁRIO. JORNADA DE TRABALHO: FIXAÇÃO DO TEMPO MÍNIMO PARA DEDICAÇÃO A ATIVIDADES EXTRACLASSE EM 1/3 DA JORNADA. ARTS. 2°, §§ 1° E 4°, 3°, CAPUT, II E III E 8°, TODOS DA LEI 11.738/2008. CONSTITUCIONALIDADE. PERDA PARCIAL DE OBJETO. 1. Perda parcial do objeto desta ação direta de inconstitucionalidade, na medida em que o cronograma de aplicação escalonada do piso de vencimento dos professores da educação básica se exauriu (arts. 3° e 8° da Lei 11.738/2008). 2. É constitucional a norma geral federal que fixou o piso salarial dos professores do ensino médio com base no vencimento, e não na remuneração global. Competência da União para dispor sobre normas gerais relativas ao piso de vencimento dos professores da educação básica, de modo a utilizá-lo como mecanismo de fomento ao sistema educacional e de valorização profissional, e não apenas como instrumento de proteção mínima ao trabalhador. 3. É constitucional a norma geral federal que reserva o percentual mínimo de 1/3 da carga horária dos docentes da educação básica para dedicação às atividades extraclasse. Ação direta de inconstitucionalidade julgada improcedente. Perda de objeto declarada em relação aos arts. 3° e 8° da Lei 11.738/2008. (Brasil, 2011b)

O que podemos constatar a partir desse exemplo é a utilização de mecanismos que buscam incentivar e preservar uma dignidade mínima para os profissionais que atuam na área da educação – e aqui se verificam o atendimento à construção de uma sociedade mais justa, mais livre e mais solidária (a educação constrói liberdade, justiça e solidariedade); uma garantia de desenvolvimento nacional (uma sociedade bem educada é uma sociedade mais desenvolvida); a redução de desigualdades sociais e regionais (a educação tem papel fundamental na oferta de condições menos desiguais àqueles que a ela tiveram acesso); e a promoção do bem de todos (a conjunção dos fatores anteriores concorre à viabilização do bem comum).

Por tudo isso, a jurisprudência do STF vem reconhecendo a especial proteção que deve ser dada à atividade de fomento, sob pena de se atingir o próprio cerne dos objetivos estatais, como podemos conferir no julgado transcrito a seguir:

> ARGUIÇÃO DE DESCUMPRIMENTO DE PRECEITO FUNDAMENTAL. INTERPRETAÇÃO JUDICIAL COMO OBJETO DE CONTROLE. POSSIBILIDADE. SUBSIDIARIEDADE. INEXISTÊNCIA DE OUTRO MEIO PARA SANAR A LESÃO OU AMEAÇA EM CARÁTER AMPLO. DECISÕES JUDICIAIS QUE RESULTARAM NO BLOQUEIO, PENHORA OU SEQUESTRO, PARA O FIM DE PAGAMENTO DE DÍVIDAS TRABALHISTAS, DE VERBAS DO ESTADO DO AMAPÁ, DAS CAIXAS ESCOLARES E DAS UNIDADES DESCENTRALIZADAS DE EXECUÇÃO DA EDUCAÇÃO – UDEs, DESTINADAS À MERENDA, AO TRANSPORTE DE ALUNOS E À MANUTENÇÃO DAS ESCOLAS PÚBLICAS. OFENSA AOS PRINCÍPIOS DA SEPARAÇÕES DOS PODERES E DO FOMENTO À EDUCAÇÃO. NATUREZA PRIVADA DAS UNIDADES EXECUTORAS. REPASSE DE VERBAS.

DESCENTRALIZAÇÃO DA GESTÃO FINANCEIRA. NÃO CARACTERIZAÇÃO DAS PRERROGATIVAS DA FAZENDA PÚBLICA. NÃO SUJEIÇÃO AO REGIME DE PRECATÓRIO ARGUIÇÃO DE DESCUMPRIMENTO DE PRECEITO FUNDAMENTAL CONHECIDA E JULGADO PARCIALMENTE PROCEDENTE O PEDIDO. 1. O direito social à educação (artigos 6º e 205 e seguintes da Constituição), bem como a prioridade absoluta de proteção às crianças e aos adolescentes, em respeito à condição peculiar de pessoas em desenvolvimento que são (artigo 227 da Constituição), justificam a especial proteção constitucional dos valores necessários à aplicação efetiva dos recursos públicos destinados à concretização dos efetivos direitos. 2. Os princípios da separação dos poderes e do fomento à educação são violados por decisões judiciais que gerem bloqueio, penhora ou sequestro, para fins de quitação de débitos trabalhistas, de verbas públicas destinadas à merenda, ao transporte de alunos e à manutenção das escolas públicas. 3. A proteção constitucional a direitos individuais e a garantias fundamentais, inclusive de ordem trabalhista, convive com a impenhorabilidade, in casu, sob a ratio de que estão afetados a finalidades públicas e à realização das atividades e serviços públicos decorrentes do exercício obrigatório da função administrativa. 4. O artigo 167, VI, da Constituição proíbe a transposição, o remanejamento ou a transferência de recursos de uma categoria de programação para outra ou de um órgão para outro, sem prévia autorização legislativa, mandamento esse que também vincula o Judiciário. Isso porque as regras sobre aprovação e gestão orçamentárias consagram mecanismos de freios e contrapesos essenciais ao regular funcionamento das instituições republicanas e democráticas e à concretização do princípio da separação dos poderes. 5. As Unidades Executoras funcionam por meio de repasses de verbas para associações privadas sem fins lucrativos. Essa medida de descentralização da gestão financeira na prestação de serviços educacionais configura escolha de alocação de recursos plenamente legítima, inserida na margem de conformação das decisões de agentes políticos. No entanto, a transferência não descaracteriza a natureza eminentemente privada das Caixas Escolares, razão pela qual não lhes é aplicável o regime jurídico da Fazenda Pública. Se a associação privada conta com a agilidade do setor privado para posicionar-se como credora, que o faça para posicionar-se como devedora. 6. A arguição de descumprimento de preceito fundamental para evitar ou reparar lesão a preceito fundamental decorrente de atos judiciais é via processual que atende ao requisito da subsidiariedade, mercê de não existir outro instrumento para sanar a controvérsia com caráter abrangente e imediato, ou com a mesma eficácia e celeridade. 7. Arguição de descumprimento de preceito fundamental conhecida e julgado PARCIALMENTE PROCEDENTE o pedido, para declarar a inconstitucionalidade de quaisquer medidas de constrição judicial proferidas pelo Tribunal Regional do Trabalho da 8ª Região, pelo Tribunal Regional Federal da 1ª Região e pelo Tribunal de Justiça do Estado do Amapá, em desfavor do Estado do Amapá, das Caixas Escolares ou das Unidades Descentralizadas de Execução da Educação – UDEs, que recaiam sobre verbas destinadas à educação, confirmando os termos da medida cautelar anteriormente concedida, bem como para afastar a submissão ao regime de precatório das Caixas Escolares ou Unidades Descentralizadas de Educação, em razão da sua natureza jurídica de direito privado, de não integrar a Administração Pública, de não compor o orçamento público e da ratio que inspira a gestão descentralizada da coisa pública. (Brasil, 2020l)

Nessa mesma direção, o STF tem reprovado comportamentos da União que restrinjam o acesso ao fomento para outras unidades da federação, as quais ficariam, caso prevalecessem as restrições, desprovidas das condições de realização dos objetivos constitucionais:

> AÇÃO CAUTELAR PREPARATÓRIA – MEDIDA LIMINAR – RECUSA DE PRESTAÇÃO DE AVAL PELA UNIÃO FEDERAL E NEGATIVA DE AUTORIZAÇÃO, POR PARTE DA SECRETARIA DO TESOURO NACIONAL (OFÍCIO N° 10.540/2008-COPEM/STN) – OBSTÁCULOS QUE IMPEDEM O DISTRITO FEDERAL DE CELEBRAR OPERAÇÕES DE CRÉDITO COM ENTIDADES DE FOMENTO E INSTITUIÇÕES FINANCEIRAS INTERNACIONAIS – RESTRIÇÕES, QUE, EMANADAS DA UNIÃO, INCIDEM SOBRE O DISTRITO FEDERAL, POR ALEGADO DESCUMPRIMENTO, POR PARTE DE SUA CÂMARA LEGISLATIVA E DE SEU TRIBUNAL DE CONTAS, DOS LIMITES SETORIAIS QUE A LEI DE RESPONSABILIDADE FISCAL IMPÕE A TAIS ÓRGÃOS PÚBLICOS (LC N° 101/2000, ART. 20, II, "A") – CONFLITO DE INTERESSES ENTRE A UNIÃO E O DISTRITO FEDERAL [...] NECESSIDADE DE OUTORGA DE PROVIMENTO CAUTELAR, NO CASO, EM ORDEM A NÃO FRUSTRAR A REGULAR PRESTAÇÃO, NO PLANO LOCAL, DE SERVIÇOS PÚBLICOS ESSENCIAIS. – A recusa de prestação de aval pela União Federal e a negativa da Secretaria do Tesouro Nacional em autorizar o

Distrito Federal a celebrar operações de crédito com entidades de fomento e instituições financeiras internacionais comprometem, de modo irreversível, a prestação, no plano local, de serviços públicos de caráter primário, pois inviabilizam a obtenção de recursos financeiros necessários ao desenvolvimento e ao fortalecimento de áreas sensíveis, tais como a gestão das águas e a drenagem urbana, a preservação ambiental (proteção de nascentes e recuperação de erosões), bem assim a execução de obras de saneamento básico, na modalidade abastecimento de água, além do aperfeiçoamento institucional da administração tributária do Distrito Federal, para efeito de adequado custeio dos serviços públicos, notadamente no domínio da saúde e da educação públicas. Situação que configura, de modo expressivo, para efeito de outorga de provimento cautelar, hipótese caracterizadora de "periculum in mora" Precedentes. (Brasil, 2009c)

O fomento, portanto, tem importância destacada no cumprimento dos objetivos públicos designados ao Estado brasileiro, consistindo em uma valiosa ferramenta de cumprimento do interesse público.

— 11.2 —
Competência legislativa

Tal como ocorre quanto ao poder de polícia, cada ente da federação utiliza o fomento em conformidade com os limites que lhe são conferidos pela legislação. Assim, para melhor compreendermos as matérias que podem ser objeto de fomento, é necessário conhecermos o próprio âmbito de atuação legislativa de cada ente federativo, pois é dentro desses limites que pode vir a ser editada a legislação que confira ao ente a possibilidade de exercer incentivo sobre os agentes privados. Tais competências legislativas, classificadas como privativa, residual, exclusiva e bivalente, estão assim atribuídas pela Constituição (Figura 11.1):

Figura 11.1 – Competências legislativas para conferir incentivos aos agentes privados

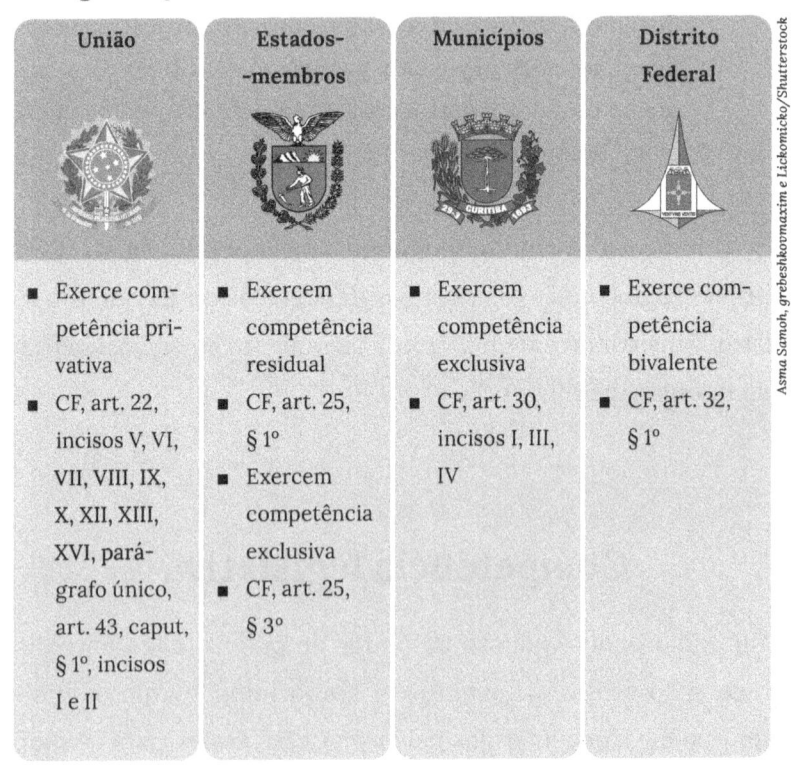

União	Estados-membros	Municípios	Distrito Federal
■ Exerce competência privativa ■ CF, art. 22, incisos V, VI, VII, VIII, IX, X, XII, XIII, XVI, parágrafo único, art. 43, caput, § 1º, incisos I e II	■ Exercem competência residual ■ CF, art. 25, § 1º ■ Exercem competência exclusiva ■ CF, art. 25, § 3º	■ Exercem competência exclusiva ■ CF, art. 30, incisos I, III, IV	■ Exerce competência bivalente ■ CF, art. 32, § 1º

Fonte: Elaborado com base em Brasil, 1988.

Portanto, a União exerce competência privativa[1], os estados-
-membros dispõem de competências residual[2] e exclusiva[3],
os municípios têm competência exclusiva[4], e o Distrito Federal
exerce competência bivalente[5].

Já a competência concorrente, exercida por todos os membros da federação, vem disciplinada no art. 24 da Constituição:

> Art. 24. Compete à União, aos Estados e ao Distrito Federal legislar concorrentemente sobre:

1   "Art. 22. Compete privativamente à União legislar sobre: [...] IV - águas, energia, informática, telecomunicações e radiodifusão; [...] VI - sistema monetário e de medidas, títulos e garantias dos metais; VII - política de crédito, câmbio, seguros e transferência de valores; VIII - comércio exterior e interestadual; IX - diretrizes da política nacional de transportes; X - regime dos portos, navegação lacustre, fluvial, marítima, aérea e aeroespacial; [...] XII - jazidas, minas, outros recursos minerais e metalurgia; XIII - nacionalidade, cidadania e naturalização; [...] XVI - organização do sistema nacional de emprego e condições para o exercício de profissões; [...] Parágrafo único. Lei complementar poderá autorizar os Estados a legislar sobre questões específicas das matérias relacionadas neste artigo. [...] Art. 43. Para efeitos administrativos, a União poderá articular sua ação em um mesmo complexo geoeconômico e social, visando a seu desenvolvimento e à redução das desigualdades regionais. § 1º Lei complementar disporá sobre: I - as condições para integração de regiões em desenvolvimento; II - a composição dos organismos regionais que executarão, na forma da lei, os planos regionais, integrantes dos planos nacionais de desenvolvimento econômico e social, aprovados juntamente com estes" (Brasil, 1988).

2   "Art. 25. [...] § 1º São reservadas aos Estados as competências que não lhes sejam vedadas por esta Constituição" (Brasil, 1988).

3   "Art. 25. [...] § 3º Os Estados poderão, mediante lei complementar, instituir regiões metropolitanas, aglomerações urbanas e microrregiões, constituídas por agrupamentos de municípios limítrofes, para integrar a organização, o planejamento e a execução de funções públicas de interesse comum" (Brasil, 1988).

4   "Art. 30. Compete aos Municípios: I - legislar sobre assuntos de interesse local; [...] III - instituir e arrecadar os tributos de sua competência, bem como aplicar suas rendas, sem prejuízo da obrigatoriedade de prestar contas e publicar balancetes nos prazos fixados em lei; IV - criar, organizar e suprimir distritos, observada a legislação estadual" (Brasil, 1988).

5   "Art. 32. [...] § 1º Ao Distrito Federal são atribuídas as competências legislativas reservadas aos Estados e Municípios" (Brasil, 1988).

I – direito tributário, financeiro, penitenciário, econômico e urbanístico;

II – orçamento; [...]

V – produção e consumo;

VI – florestas, caça, pesca, fauna, conservação da natureza, defesa do solo e dos recursos naturais, proteção do meio ambiente e controle da poluição;

VII – proteção ao patrimônio histórico, cultural, artístico, turístico e paisagístico; [...]

IX – educação, cultura, ensino, desporto, ciência, tecnologia, pesquisa, desenvolvimento e inovação; [...]

XII – previdência social, proteção e defesa da saúde; [...]

XIV – proteção e integração social das pessoas portadoras de deficiência;

XV – proteção à infância e à juventude. (Brasil, 1988)

Ainda, é relevante reprisar o que já dissemos a respeito do exercício das competências concorrentes sobre o poder de polícia, pois, na atividade de fomento, a aplicação é exatamente a mesma. A União, portanto, fica limitada ao estabelecimento de normas gerais (CF, art. 24, § 1º). Se as normas complementares editadas pela União vierem a ser posteriores às normas estaduais específicas e com elas conflitarem, tais normas gerais suspenderão a eficácia das estaduais, até ulterior modificação ou da legislação federal ou da estadual (CF, art. 24, § 4º). Se tais normas gerais inexistirem, o Estado poderá exercer a competência plena (CF, art. 24, § 3º), considerando, ainda, que a competência dos estados jamais é excluída, mesmo na hipótese de normas gerais editadas pela União (CF, art. 24, § 2º). É o que podemos verificar também no julgado transcrito na sequência:

> CONSTITUCIONAL. AÇÃO DIRETA DE INCONSTITUCIONALIDADE. LEI 15.168/10 DO ESTADO DE SANTA CATARINA, QUE 'DISPÕE SOBRE A INFRAESTRUTURA E EQUIPAMENTOS DE SEGURANÇA E ACESSIBILIDADE PARA AS FORMAS DE MOBILIDADE NÃO MOTORIZADAS E ADOTA OUTRAS PROVIDÊNCIAS'. COMPETÊNCIA PRIVATIVA DA UNIÃO PARA LEGISLAR SOBRE TRÂNSITO. OFENSA AO ARTIGO 22, INCISO XI, DA CRFB. INCONSTITUCIONALIDADE FORMAL DOS ARTIGOS 4º e 11 DO DIPLOMA IMPUGNADO. MATÉRIA ESPECÍFICA DO CÓDIGO DE TRÂNSITO BRASILEIRO. LEI 9.503/97. PRECEDENTES. LEI DE ORIGEM PARLAMENTAR. ALEGAÇÃO DE USURPAÇÃO DA INICIATIVA DO CHEFE DO PODER EXECUTIVO PARA CRIAR ATRIBUIÇÕES PARA OS ÓRGÃOS DE TRÂNSITO ESTADUAIS. INOCORRÊNCIA. DISPOSITIVOS MERAMENTE PROGRAMÁTICOS. ACESSIBILIDADE E MOBILIDADE URBANA. COMPETÊNCIA COMUM E CONCORRENTE. ARTIGOS 23, INCISOS II, VI E XII; E 24, INCISO XIV DA CRFB. AÇÃO DIRETA DE INCONSTITUCIONALIDADE CONHECIDA E JULGADA PARCIALMENTE PROCEDENTE. 1. A Constituição federal, nos termos do seu artigo 22, XI, erigiu a uniformidade nacional como diretriz para o disciplinamento do trânsito e transporte, de sorte que cabe somente à União dispor sobre a matéria. 2. In casu, invadem o campo da competência privativa da União os artigos 4º e 11 da Lei estadual 15.168, de 11 de

maio de 2010, porquanto o real escopo do diploma estadual, naqueles artigos, é a conceituação de elementos do trânsito (artigo 4º) e a especificação das formas de sinalização de trânsito das ciclovias, ciclo faixas, passeios, vias de tráfego não motorizado compartilhado e passarela (art. 11). 3. Os artigos 1º a 3º e 5º a 10 da norma estadual, a seu turno, estão inseridos na competência do ente federativo para tratar do sistema viário e da mobilidade urbana, consoante estabelecido pelo artigo 22, XXI, da CRFB e densificado pelas Leis federais 12.379/2011 e 12.587/2012. 4. O artigo 16 da Lei 15.168/2010 do Estado de Santa Catarina disciplina os programas de capacitação, habilitação e educação para o trânsito, matéria de competência comum da União, dos Estados, do Distrito Federal e dos Municípios, ex vi do artigo 23, XII, da CRFB. 5. A autorização para que o Poder Executivo estadual crie unidade administrativa e técnica específica para o planejamento e implantação das estruturas previstas naquela Lei e institua fomento a empresas privadas e prefeituras municipais com o fito de incrementar a segurança e a mobilidade urbana (artigos 17, 19 e 20) não afronta o princípio da separação dos Poderes, nem cria despesa sem a respectiva fonte de custeio, porquanto compreende mera possibilidade futura de desenvolvimento de políticas públicas, sem a imposição de quaisquer medidas concretas e imediatas. 6. A obrigação de planejamento contida no art. 18 da Lei estadual não passa de explicitação de poder--dever já cominado à Administração Pública do Estado--membro, seja explicitamente, pelo art. 25, §3º da Carta Maior – que diz respeito à instituição de regiões metropolitanas, aglomerações urbanas e microrregiões, constituídas por agrupamentos de municípios limítrofes, para integrar a organização, o planejamento e a execução de funções públicas de interesse comum – seja implicitamente, pelo princípio geral da eficiência que deve reger todo o atuar administrativo. Trata-se, ademais, de determinação consentânea com as diretrizes contidas na Lei 2.587/2012, que estabelece a Política Nacional de Mobilidade Urbana. 7. Os artigos 12 a 14 da Lei em apreço têm o claro objetivo de promover o acesso das pessoas com deficiência às vias e edifícios públicos, em cumprimento ao que estipulam os artigos 23, II e 24, I e XIV da CRFB, inexistindo, portanto, ofensa à distribuição constitucional das competências legislativas. Precedente: ADI 903, Relator Min. Dias Toffoli, Tribunal Pleno, julgado em 22/5/2013. 8. Ação conhecida e julgada parcialmente procedente para declarar a inconstitucionalidade formal dos artigos 4º e 11 da Lei 15.168/2010 do Estado de Santa Catarina. (Brasil, 2020j)

Quanto aos municípios, a doutrina entende que eles detêm competência concorrente, mas, com fundamento no art. 30, inciso II, apenas para suplementar as legislações federal e a estadual no que couber.

— 11.3 —
Competência administrativa

Para Floriano Azevedo Marques Neto (2019a), são três os fundamentos que embasam e delimitam a competência para exercer a função estatal de fomento.

Em primeiro lugar, há a defesa e proteção dos objetivos constitucionalmente definidos para a ordem econômica, insculpidos no art. 170 da Constituição[16]. A Administração Pública pode, por conseguinte, realizar intervenção no domínio econômico para assegurar tais finalidades. Conforme alerta Marques Neto (2019a, p. 473), "o fomento público compete a todos os entes da federação, não existindo reserva de atividade conferindo a um ente da federação em detrimento dos demais".

Em segundo lugar, o dever do Estado deve normatizar e regular a atividade econômica, conforme previsão veiculada pelo art. 174 da Constituição[17]. Aqui, também, o dever alcança todos os entes componentes da federação.

---

6   "Art. 170. A ordem econômica, fundada na valorização do trabalho humano e na livre iniciativa, tem por fim assegurar a todos existência digna, conforme os ditames da justiça social, observados os seguintes princípios: I – soberania nacional; II – propriedade privada; III – função social da propriedade; IV – livre concorrência; V – defesa do consumidor; VI – defesa do meio ambiente, inclusive mediante tratamento diferenciado conforme o impacto ambiental dos produtos e serviços e de seus processos de elaboração e prestação; VII – redução das desigualdades regionais e sociais; VIII – busca do pleno emprego; IX – tratamento favorecido para as empresas de pequeno porte constituídas sob as leis brasileiras e que tenham sua sede e administração no País. Parágrafo único. É assegurado a todos o livre exercício de qualquer atividade econômica, independentemente de autorização de órgãos públicos, salvo nos casos previstos em lei" (Brasil, 1988).

7   "Art. 174. Como agente normativo e regulador da atividade econômica, o Estado exercerá, na forma da lei, as funções de fiscalização, incentivo e planejamento, sendo este determinante para o setor público e indicativo para o setor privado. § 1º A lei estabelecerá as diretrizes e bases do planejamento do desenvolvimento nacional equilibrado, o qual incorporará e compatibilizará os planos nacionais e regionais de desenvolvimento. § 2º A lei apoiará e estimulará o cooperativismo e outras formas de associativismo. § 3º O Estado favorecerá a organização da atividade garimpeira em cooperativas, levando em conta a proteção do meio ambiente e a promoção econômico-social dos garimpeiros. § 4º As cooperativas a que se refere o parágrafo anterior terão prioridade na autorização ou concessão para pesquisa e lavra dos recursos e jazidas de minerais garimpáveis, nas áreas onde estejam atuando, e naquelas fixadas de acordo com o art. 21, XXV, na forma da lei" (Brasil, 1988).

Em terceiro e último lugar, há a verificação das competências relacionadas ao objeto do fomento, ou seja, sobre qual atividade específica está incidindo a intervenção. Tais competências estão delineadas na Constituição de 1988, especialmente nos arts. 21 a 30[18], com outras hipóteses espalhadas pelo restante do texto, notadamente: art. 7º, inciso XX (incentivo à proteção do mercado de trabalho da mulher), art. 179 (incentivo à micro e à pequena empresas), art. 180 (incentivo ao turismo), arts. 215 e 216 (incentivo à cultura), art. 217 (incentivo ao esporte) e art. 227, parágrafo 3º, inciso VI (incentivo ao acolhimento de criança órfã ou abandonada).

---

8   "Art. 21. Compete à União: [...] IX – elaborar e executar planos nacionais e regionais de ordenação do território e de desenvolvimento econômico e social; [...] XVIII – planejar e promover a defesa permanente contra as calamidades públicas, especialmente as secas e as inundações; XIX – instituir sistema nacional de gerenciamento de recursos hídricos e definir critérios de outorga de direitos de seu uso; XX – instituir diretrizes para o desenvolvimento urbano, inclusive habitação, saneamento básico e transportes urbanos; XXI – estabelecer princípios e diretrizes para o sistema nacional de viação; [...] Art. 23. É competência comum da União, dos Estados, do Distrito Federal e dos Municípios: [...] III – proteger os documentos, as obras e outros bens de valor histórico, artístico e cultural, os monumentos, as paisagens naturais notáveis e os sítios arqueológicos; IV – impedir a evasão, a destruição e a descaracterização de obras de arte e de outros bens de valor histórico, artístico ou cultural; [...] VI – proteger o meio ambiente e combater a poluição em qualquer de suas formas; VII – preservar as florestas, a fauna e a flora; [...] XI – registrar, acompanhar e fiscalizar as concessões de direitos de pesquisa e exploração de recursos hídricos e minerais em seus territórios; [...] Parágrafo único. Leis complementares fixarão normas para a cooperação entre a União e os Estados, o Distrito Federal e os Municípios, tendo em vista o equilíbrio do desenvolvimento e do bem-estar em âmbito nacional. [...] Art. 25. Os Estados organizam-se e regem-se pelas Constituições e leis que adotarem, observados os princípios desta Constituição. § 1º São reservadas aos Estados as competências que não lhes sejam vedadas por esta Constituição. [...] Art. 30. Compete aos Municípios: [...] VIII – promover, no que couber, adequado ordenamento territorial, mediante planejamento e controle do uso, do parcelamento e da ocupação do solo urbano; IX – promover a proteção do patrimônio histórico-cultural local, observada a legislação e a ação fiscalizadora federal e estadual" (Brasil, 1988).

Capítulo 12

Instrumentos de implementação do fomento

No presente capítulo, vamos nos ocupar do exame dos instrumentos postos à disposição do administrador para implementar o fomento.

— 12.1 —
Financiamento por bancos públicos

Os bancos públicos foram um dos principais mecanismos de intervenção do Estado na economia e, por consequência, como agentes de fomento. No âmbito federal, a empresa pública Caixa Econômica Federal e a sociedade de economia mista Banco do Brasil são agentes promotores do fomento.

No âmbito estadual, quase a totalidade dos bancos foram privatizados. Como remanescentes, temos o Banco do Estado de Sergipe S.A. (Banese), o Banco do Estado do Rio Grande do Sul S.A. (Banrisul), o Banco de Brasília (BRB) e o Banco do Estado do Espírito Santo S.A. (Banestes).

— 12.2 —
Financiamento por bancos de desenvolvimento

No âmbito federal, o principal agente de fomento é o Banco Nacional de Desenvolvimento Econômico e Social (BNDES). Nos âmbitos regionais, temos os seguintes:

- Banco de Desenvolvimento do Espírito Santo (Bandes)
- Banco de Desenvolvimento de Minas Gerais (BDMG)
- Banco Regional de Desenvolvimento do Extremo Sul (BRDE)
- Banco da Amazônia
- Banco do Nordeste

O Supremo Tribunal Federal (STF) reconhece a importância dos bancos públicos para fomentar o desenvolvimento, sejam eles nacionais, sejam regionais, e se depara com questões complexas que envolvem não apenas o próprio fomento em si (traduzido em empréstimos com condições diferenciadas e mais benéficas), mas também a necessidade de concatenação de ações coordenadas (o que, por vezes, envolve a esfera de competência envolvida na prestação da atividade). O seguinte julgado é um exemplo interessantíssimo da complexidade com que, vez ou outra, os entes federados se defrontam para cumprir sua missão constitucional:

> Execução fiscal: débito representado por Cédula de Crédito Industrial em favor do BRDE-Banco Regional de Desenvolvimento do Extremo Sul: inidoneidade da via processual, resultante da solução negativa a questão constitucional da suposta natureza autárquica interestadual, que se arroga o credor exequente: RE provido. I. Atividade econômica do Estado: intervenção suplementar no domínio econômico ou exploração de serviço público. 1. Ainda que se devesse reduzir a participação suplementar do Estado na atividade econômica "stricto sensu" – objeto do art. 170 CF/69 – aquela que

se faça mediante o apelo a técnica privatística das empresas estatais de forma mercantil não basta a descaracterização, em tese, da natureza autárquica de um banco de desenvolvimento criado pelo Poder Público. 2. Em tese, a assunção estatal, como serviço público, da atividade dos bancos de desenvolvimento e tanto mais viável quanto e certo que, desde a Constituição de 1967, a elaboração e a execução de planos regionais de desenvolvimento foram explicitamente incluídos no rol da competência da União: dispensa demonstração que, nosso regime de liberdade de iniciativa, a atividade de fomento dela, desenvolvida pelos bancos de desenvolvimento – mediante empréstimos com prazo ou condições favorecidas, prestação de garantias, intermediação de empréstimos externos ou tomada de participações acionarias –, são um dos instrumentos primaciais da tarefa estatal de execução do planejamento econômico. II. Autarquia interestadual de desenvolvimento: sua inviabilidade constitucional. 3. O dado diferencial da autarquia e a personalidade de direito público (Celso Antonio), de que a podem dotar não só a União, mas também as demais entidades políticas do Estado Federal, como técnicas de realização de sua função administrativa, em setor específico subtraído a administração direta. 4. Por isso mesmo, a validade da criação de uma autarquia pressupõe que a sua destinação institucional se compreenda toda na função administrativa da entidade matriz: 5. O objetivo de fomento do desenvolvimento de região composta pelos territórios de três Estados Federados ultrapassa o raio da esfera administrativa de qualquer um deles, isoladamente considerado; só uma norma da Constituição Federal poderia emprestar a manifestação conjunta, mediante convenio, de vontades estatais incompetentes um poder que, individualmente, a todos eles falece. 6. As sucessivas Constituições da República – além de não abrirem explicitamente as unidades federadas a criação de entidades públicas de administração interestadual –, tem reservado a União, expressa e privativamente, as atividades de planejamento e promoção do desenvolvimento regional: análise da temática regional no constitucionalismo federal brasileiro. (Brasil, 1992)

O cerne da questão assim debatida girava em torno da competência, pois, ainda que o objetivo de cumprimento do interesse público estivesse presente, o modo pelo qual foi realizado, à época, não atendeu à melhor forma jurídica. Assim, criou-se uma autarquia interestadual que invadiu a competência, a um só tempo, dos outros estados-membros atingidos pela ação de fomento, bem como da União, que detém competência privativa para promover o desenvolvimento regional (CF, art. 21, IX, e art. 43, e ADCT, art. 42).

Mesmo na atualidade, o desenho da solução seria insatisfatório, pois, a despeito da previsão encartada no parágrafo 1º do art. 43 da Constituição[1], a Lei n. 13.019, de 31 de julho de 2014 (que dispõe sobre o regime jurídico de parcerias e convênios entre os entes federados, inclusive com o escopo de fomento),

---

1 "§ 1º Lei complementar disporá sobre: I–as condições para integração de regiões em desenvolvimento; II–a composição dos organismos regionais que executarão, na forma da lei, os planos regionais, integrantes dos planos nacionais de desenvolvimento econômico e social, aprovados juntamente com estes" (Brasil, 1988).

não é complementar, desatendendo o requisito constitucional veiculado no parágrafo 1º do art. 43.

— 12.3 —
Financiamento por agências de fomento

Com o advento da reforma administrativa, que se refletiu em todos os âmbitos da Administração Pública, desde a União aos municípios, passando pelos estados-membros, estes últimos privatizaram os bancos públicos estaduais, que forneciam as linhas de crédito para operações de fomento. Tornou-se, então, necessária uma alternativa, que foi encontrada nas agências de fomento, criadas para assumir a atividade e continuar a ter linhas de crédito público em setores considerados chave. Isso com o intuito de os estados-membros permanecerem alinhados com o interesse público oriundo dos comandos constitucionais (especialmente os objetivos da República Federativa do Brasil e o princípio da dignidade da pessoa humana).

A reestruturação do segmento bancário nacional foi realizada no domínio do Programa de Incentivo à Redução da Presença do Setor Público na Atividade Financeira (Proes), criado pela Medida Provisória n. 1.514, de 7 de agosto de 1996 (Brasil, 1996d), que, em sucessivas reedições, foi ganhando novos contornos, até culminar no texto da Medida Provisória n. 2.192-70, de 24 de agosto de 2001 (Brasil, 2001b), cristalizada pelo art. 2º da Emenda Constitucional n. 32, de 11 de setembro de 2001 (Brasil, 2001a). Vejamos os principais dispositivos da MP n. 2.192-70/2001, arts. 1º a 3º:

Art. 1º A redução da presença do setor público estadual na atividade financeira bancária será incentivada pelos mecanismos estabelecidos nesta Medida Provisória, e por normas baixadas pelo Conselho Monetário Nacional, no âmbito de sua competência, preferencialmente mediante a privatização, extinção, ou transformação de instituições financeiras sob controle acionário de Unidade da Federação em instituições financeiras dedicadas ao financiamento de capital fixo e de giro associado a projetos no País, denominadas agências de fomento.

§ 1º A extinção das instituições financeiras a que se refere o caput deste artigo poderá dar-se por intermédio de processos de incorporação, fusão, cisão ou qualquer outra forma de reorganização societária legalmente admitida.

§ 2º As agências de fomento, existentes em 28 de março de 2001, deverão adequar-se ao disposto neste artigo, no prazo fixado pelo Conselho Monetário Nacional, permanecendo regulamentadas por esse Colegiado e submetidas ao disposto na Lei n. 6.024, de 13 de março de 1974.

Art. 2º A adoção das medidas adequadas a cada caso concreto dar-se-á a exclusivo critério da União, mediante solicitação do respectivo controlador, atendidas às condições estabelecidas nesta Medida Provisória.

Art. 3º Para os fins desta Medida Provisória, poderá a União, a seu exclusivo critério:

I – adquirir o controle da instituição financeira, exclusivamente para privatizá-la ou extinguí-la;

II – financiar a extinção ou transformação de instituição financeira em instituição não financeira, quando realizada por seu respectivo controlador, inclusive aquelas submetidas a regimes especiais;

III – financiar os ajustes prévios imprescindíveis para a privatização da instituição financeira;

IV – adquirir créditos contratuais que a instituição financeira detenha contra seu controlador e entidades por este controladas e refinanciar os créditos assim adquiridos;

V – em caráter excepcional e atendidas às condições especificadas no art. 7º, financiar parcialmente programa de saneamento da instituição financeira, que necessariamente contemplará sua capitalização e mudanças no seu processo de gestão capazes de assegurar sua profissionalização;

VI – prestar garantia a financiamento concedido pelo Banco Central do Brasil;

VII – financiar a criação de agências de fomento para as Unidades da Federação que firmarem contratos de financiamento ou refinanciamento decorrentes desta Medida Provisória.

§ 1º A adoção das medidas previstas neste artigo será precedida das autorizações que se fizerem necessárias na legislação da Unidade da Federação respectiva.

§ 2º Os créditos de que trata o inciso IV deste artigo serão aqueles existentes em 31 de março de 1996, acrescidos dos juros contratuais pro rata die até a data da aquisição, de acordo com as condições e encargos financeiros previstos nos contratos originais.

§ 3º O refinanciamento de que trata o inciso IV deste artigo será precedido da assunção, pela Unidade da Federação, das dívidas de responsabilidade das entidades por ela controladas. (Brasil, 2001a)

São agências de fomento dos estados-membros criadas nesse contexto ou, quando anteriores, a ele adaptadas:

- Agência de Fomento de Alagoas S.A.
- Agência de Fomento do Amapá S.A.
- Agência de Fomento do Estado do Amazonas S.A. (Afeam)
- Agência de Fomento do Estado da Bahia S.A (Desenbahia)
- Agência de Fomento de Goiás S.A.
- Agência de Fomento do Estado de Mato Grosso S.A. (Desenvolve MT)
- Agência de Fomento do Paraná S.A.
- Agência de Fomento do Estado de Pernambuco S.A.
- Agência de Fomento e Desenvolvimento do Estado do Piauí S.A. (Piauí Fomento)
- Agência de Fomento do Estado do Rio de Janeiro S.A.
- Agência de Fomento do Rio Grande do Norte S.A.
- Agência de Fomento/RS – Badesul Desenvolvimento S.A
- Agência de Fomento do Estado de Roraima S.A.

- Agência de Fomento do Estado de Santa Catarina S.A. (Badesc)
- Agência de Fomento do Estado de São Paulo S.A.
- Agência de Fomento do Estado do Tocantins S.A.

Como podemos observar, todas essas agências de fomento foram criadas com a estrutura de sociedades anônimas, mas isso ocorreu em razão da expressa previsão do parágrafo 2º do art. 1º da MP n. 2.192-70/2001.

— 12.4 —
Incentivos tributários

Os incentivos tributários constituem-se em tema tortuoso, que tem gerado as mais diferentes análises, grande parte delas voltada à diferenciação entre isenção, alíquota zero e não tributação. Tais meandros, entretanto, fogem ao escopo desta obra, que é verificar como a manipulação da incidência tributária pode impactar diretamente o estímulo ou o desestímulo à conduta dos agentes particulares. Aqui, há todo um campo aberto, inexplorado pela doutrina, que concerne ao exame da extrafiscalidade[2].

Todavia, parte significativa do debate relativo à extrafiscalidade centra-se nas sanções negativas (desincentivos), ao passo que, no presente exame, nosso enfoque reside nas sanções positivas (incentivos), traduzidas pelo fomento. Dessa perspectiva, a análise se divide em duas vertentes: (1) a primeira diz respeito

---

2   Sobre o tema, consulte Maria Sobrinho (2017).

ao tratamento tributário diferenciado aplicável a alguns setores (os exemplos mais recorrentes desse tratamento diferenciado referem-se às micro e pequenas empresas e às cooperativas); (2) a segunda concerne aos benefícios fiscais propriamente ditos, tais como as isenções ou os diferimentos.

Quanto ao primeiro tema (tratamento tributário diferenciado), o comando aloca-se no art. 146, inciso III, alíneas "c" e "d" da Constituição, que exige a edição de lei complementar que contemple as situações referidas. No caso das cooperativas, a aludida lei complementar é ainda inexistente. Por isso, o STF já entendeu que o estado-membro pode exercer sua competência residual de forma plena:

> Na ausência da lei a que se refere o art. 146, III, c, da Constituição, que estabelece que lei complementar disporá sobre o adequado tratamento do ato cooperativo, os Estados-Membros podem exercer sua competência residual de forma plena, inclusive instituindo isenção de tributos estaduais para operações entre cooperativas, como fez o art. 16 da Lei Estadual 11.829/2002. Todavia, a norma deve receber interpretação conforme para excluir do seu alcance o ICMS, uma vez que, nos termos do art. 155, § 2º, XII, g, da Constituição da República, as isenções, os incentivos e os benefícios fiscais relativos a esse imposto dependem de prévia deliberação conjunta dos Estados e do Distrito Federal. (Brasil, 2019g)

A despeito dessa possibilidade, as cooperativas se encontram bastante desprotegidas e desincentivadas tributariamente, como revelam outras decisões do próprio STF:

> Recurso extraordinário. Repercussão geral. Artigo 146, III, c, da Constituição Federal. Adequado tratamento tributário. Inexistência de imunidade ou de não incidência com relação ao ato cooperativo. Lei nº 5.764/71. Recepção como lei ordinária. PIS/PASEP. Incidência. MP nº 2.158-35/2001. Afronta ao princípio da isonomia. Inexistência. 1. O adequado tratamento tributário referido no art. 146, III, c, CF é dirigido ao ato cooperativo. A norma constitucional concerne à tributação do ato cooperativo, e não aos tributos dos quais as cooperativas possam vir a ser contribuintes. 2. O art. 146, III, c, CF pressupõe a possibilidade de tributação do ato cooperativo ao dispor que a lei complementar estabelecerá a forma adequada para tanto. O texto constitucional a ele não garante imunidade ou mesmo não incidência de tributos, tampouco decorre diretamente da Constituição direito subjetivo das cooperativas à isenção. 3. A definição do adequado tratamento tributário ao ato cooperativo se insere na órbita da opção política do legislador. Até que sobrevenha a lei complementar que definirá esse adequado tratamento, a legislação ordinária relativa a cada espécie tributária deve, com relação a ele, garantir a neutralidade e a transparência, evitando tratamento gravoso ou prejudicial ao ato cooperativo e respeitando, ademais, as peculiaridades das cooperativas com relação às demais sociedades de pessoas e de capitais. 4. A Lei nº 5.764/71 foi recepcionada pela Constituição de 1988 com

natureza de lei ordinária e o seu art. 79 apenas define o que é ato cooperativo, sem nada referir quanto ao regime de tributação. Se essa definição repercutirá ou não na materialidade de cada espécie tributária, só a análise da subsunção do fato na norma de incidência específica, em cada caso concreto, dirá. 5. Na hipótese dos autos, a cooperativa de trabalho, na operação com terceiros – contratação de serviços ou vendas de produtos–não surge como mera intermediária de trabalhadores autônomos, mas, sim, como entidade autônoma, com personalidade jurídica própria, distinta da dos trabalhadores associados. 6. Cooperativa é pessoa jurídica que, nas suas relações com terceiros, tem faturamento, constituindo seus resultados positivos receita tributável. 7. Não se pode inferir, no que tange ao financiamento da seguridade social, que tinha o constituinte a intenção de conferir às cooperativas de trabalho tratamento tributário privilegiado, uma vez que está expressamente consignado na Constituição que a seguridade social "será financiada por toda a sociedade, de forma direta e indireta, nos termos da lei" (art. 195, caput, da CF/88). 8. Inexiste ofensa ao postulado da isonomia na sistemática de créditos conferida pelo art. 15 da Medida Provisória 2.158-35/2001. Eventual insuficiência de normas concedendo exclusões e deduções de receitas da base de cálculo da contribuição ao PIS não pode ser tida como violadora do mínimo garantido pelo texto constitucional. 9. É possível, senão necessário, estabelecerem-se diferenciações entre as cooperativas, de acordo com as características de cada segmento do cooperativismo e com a maior ou a menor necessidade de fomento dessa ou daquela atividade econômica. O que não se admite são as diferenciações arbitrárias, o que não ocorreu no caso concreto.

10. Recurso extraordinário ao qual o Supremo Tribunal Federal dá provimento para declarar a incidência da contribuição ao PIS/PASEP sobre os atos (negócios jurídicos) praticados pela impetrante com terceiros tomadores de serviço, objeto da impetração. (Brasil, 2015c)

Já no caso das micro e pequenas empresas, a matéria é regulada pela Lei Complementar n. 123, de 14 de dezembro de 2006 (Brasil, 2006a), e o tema acabou por imiscuir-se na temática da concessão das isenções, conforme verificamos nos seguintes julgados do STF:

> 1. Ação direta de inconstitucionalidade ajuizada contra o art. 13, § 3º, da LC 123/2006, que isentou as microempresas e as empresas de pequeno porte optantes pelo Regime Especial Unificado de Arrecadação de Tributos e Contribuições devidos pelas Microempresas e Empresas de Pequeno Porte – Simples Nacional ('Supersimples'). [...] 3. A isenção concedida não viola o art. 146, III, d, da Constituição, pois a lista de tributos prevista no texto legal que define o campo de reserva da lei complementar é exemplificativa, e não taxativa. Leitura do art. 146, III, d, juntamente com o art. 170, IX, da Constituição. 3.1 O fomento da micro e da pequena empresa foi elevado à condição de princípio constitucional, de modo a orientar todos os entes federados a conferir tratamento favorecido aos empreendedores que contam com menos recursos para fazer frente à concorrência. Por tal motivo, a literalidade da complexa legislação tributária deve ceder à interpretação mais adequada e harmônica com a finalidade de assegurar equivalência de condições

para as empresas de menor porte. 4. Risco à autonomia sindical afastado, na medida em que o benefício em exame poderá tanto elevar o número de empresas a patamar superior ao da faixa de isenção quanto fomentar a atividade econômica e o consumo para as empresas de médio ou de grande porte, ao incentivar a regularização de empreendimentos. (Brasil, 2011a) 1. O Simples Nacional surgiu da premente necessidade de se fazer com que o sistema tributário nacional concretizasse as diretrizes constitucionais do favorecimento às microempresas e às empresas de pequeno porte. A LC 123, de 14-12-2006, em consonância com as diretrizes traçadas pelos arts. 146, III, d, e parágrafo único; 170, IX; e 179 da CF, visa à simplificação e à redução das obrigações dessas empresas, conferindo a elas um tratamento jurídico diferenciado, o qual guarda, ainda, perfeita consonância com os princípios da capacidade contributiva e da isonomia. 2. Ausência de afronta ao princípio da isonomia tributária. O regime foi criado para diferenciar, em iguais condições, os empreendedores com menor capacidade contributiva e menor poder econômico, sendo desarrazoado que, nesse universo de contribuintes, se favoreçam aqueles em débito com os fiscos pertinentes, os quais participariam do mercado com uma vantagem competitiva em relação àqueles que cumprem pontualmente com suas obrigações. 3. A condicionante do inciso V do art. 17 da LC 123/2006 não se caracteriza, *a priori*, como fator de desequilíbrio concorrencial, pois se constitui em exigência imposta a todas as pequenas e microempresas (MPE), bem como a todos os microempreendedores individuais (MEI), devendo ser contextualizada, por representar, também, forma indireta de se reprovar a infração das leis fiscais e de se garantir a neutralidade, com enfoque na livre concorrência. 4. A presente hipótese não se confunde com aquelas fixadas nas Súmulas 70, 323 e 547 do STF, porquanto a espécie não se caracteriza como meio ilícito de coação a pagamento de tributo nem como restrição desproporcional e desarrazoada ao exercício da atividade econômica. Não se trata, na espécie, de forma de cobrança indireta de tributo, mas de requisito para fins de fruição a regime tributário diferenciado e facultativo. (Brasil, 2014d)

Como demonstrado, portanto, grande parte dos incentivos fiscais acaba ocorrendo por meio de isenções tributárias. Nesse ponto, alerta Rafael Carvalho Rezende de Oliveira (2020, p. 550):

> A concessão de benefícios fiscais depende, todavia, do cumprimento das exigências constitucionais e legais, especialmente a necessidade de previsão orçamentária (art. 165, §§ 2º, 3º e 6º, da CRFB), bem como o respeito ao princípio da isonomia e o equilíbrio federativo, evitando a guerra fiscal entre os Estados. Quando houver renúncia de receita, a concessão ou ampliação de benefícios tributários deverá preencher os requisitos elencados no art. 14 da LC 101/2000 (Lei de Responsabilidade Fiscal).

Talvez a hipótese de isenção mais conhecida seja aquela que desde logo se radica no texto constitucional, fomentando a exportação (CF, art. 149, § 2º, I). As hipóteses de isenção de contribuições sociais e de intervenção no domínio econômico são extensíveis inclusive para as empresas que realizam exportação indireta, como bem esclarece o STF:

> RECURSO EXTRAORDINÁRIO. REPERCUSSÃO GERAL. DIREITO TRIBUTÁRIO. IMUNIDADE TRIBUTÁRIA DAS EXPORTAÇÕES. CONTRIBUIÇÕES PREVIDENCIÁRIAS. RECEITAS DECORRENTES DE EXPORTAÇÃO. EXPORTAÇÃO INDIRETA. TRADING COMPANIES. Art. 22-A, Lei n. 8.212/1991. 1. O melhor discernimento acerca do alcance da imunidade tributária nas exportações indiretas se realiza a partir da compreensão da natureza objetiva da imunidade, que está a indicar que imune não é o contribuinte, "mas sim o bem quando exportado", portanto, irrelevante se promovida exportação direta ou indireta. 2. A imunidade tributária prevista no art. 149, § 2º, I, da Constituição, alcança a operação de exportação indireta realizada por *trading companies*, portanto, imune ao previsto no art. 22-A, da Lei n. 8.212/1991. 3. A jurisprudência deste STF (RE 627.815, Pleno, DJe 1º/10/2013 e RE 606.107, DJe 25/11/2013, ambos rel. Min.Rosa Weber,) prestigia o fomento à exportação mediante uma série de desonerações tributárias que conduzem a conclusão da inconstitucionalidade dos §§ 1º e 2º, dos arts. 245 da IN 3/2005 e 170 da IN 971/2009, haja vista que a restrição imposta pela Administração Tributária não ostenta guarida perante à linha jurisprudencial desta Suprema Corte em relação à imunidade tributária prevista no art. 149, § 2º, I, da Constituição. 4. Fixação de tese de julgamento para os fins da sistemática da repercussão geral: **"A norma imunizante contida no inciso I do § 2º do art. 149 da Constituição da República alcança as receitas decorrentes de operações**

indiretas de exportação caracterizadas por haver participação de sociedade exportadora intermediária." 5. Recurso extraordinário a que se dá provimento. (Brasil, 2020r, grifo do original)

Outra possibilidade de fomento a partir da aplicação de recursos arrecadados por via tributária ocorre a partir da possibilidade de vinculação de determinadas receitas orçamentárias a entidades públicas de fomento ao ensino e à pesquisa científica e tecnológica, conforme expressa previsão do parágrafo 5º do art. 218 da Constituição. Nesse caso, o mencionado dispositivo estabelece exceção à regra veiculada pelo art. 167, inciso IV, também da Constituição de 1988.

De fato, a previsão constitucional encartada no art. 167, inciso IV, estabelece vedação à vinculação de receita de impostos a órgão, fundo ou despesa, sem estabelecer clara referência ao art. 218, parágrafo 5º. Por essa razão, o tema veio a se tornar controvertido, o que gerou a necessidade de o STF, reiteradas vezes, pronunciar-se pela constitucionalidade dos fomentos estipulados com base no referido dispositivo:

AÇÃO DIRETA DE INCONSTITUCIONALIDADE. ARTIGO 197, § 2º, DA CONSTITUIÇÃO DO ESTADO DO ESPÍRITO SANTO E ARTIGO 41 DO RESPECTIVO ATO DAS DISPOSIÇÕES CONSTITUCIONAIS TRANSITÓRIAS. VINCULAÇÃO DE RECEITAS AO FOMENTO DE PROJETOS CIENTÍFICOS E TECNOLÓGICOS E A PROGRAMAS DE DESENVOLVIMENTO REGIONAL. FACULTA-SE AOS ESTADOS-MEMBROS E AO DISTRITO FEDERAL A

VINCULAÇÃO DE PARCELA DE SUAS RECEITAS ORÇAMENTÁRIAS AO FOMENTO DO ENSINO E DA PESQUISA CIENTÍFICA E TECNOLÓGICA (ARTIGO 218, § 5º, DA CONSTITUIÇÃO FEDERAL). É VEDADA A VINCULAÇÃO DA RECEITA DE IMPOSTOS A FINALIDADES NÃO EXPRESSAMENTE PREVISTAS NA CONSTITUIÇÃO FEDERAL (ARTIGO 167, IV, DA CONSTITUIÇÃO FEDERAL). AÇÃO DIRETA DE INCONSTITUCIONALIDADE CONHECIDA E JULGADO PARCIALMENTE PROCEDENTE O PEDIDO. 1. A Constituição Federal reserva ao Poder Executivo a iniciativa das leis que estabelecem o plano plurianual, as diretrizes orçamentárias e os orçamentos anuais, o que, em respeito à separação dos Poderes, consubstancia norma de observância obrigatória pelos demais entes federados, por simetria. A inserção nos textos constitucionais estaduais dessas matérias, cuja veiculação por lei se submeteria à iniciativa privativa do chefe do Poder Executivo, subtrai a este último a possibilidade de manifestação. Precedentes: ADI 584, rel. min. Dias Toffoli, Plenário, DJe de 9/4/2014; e ADI 1.689, rel. min. Sydney Sanches, Plenário, DJ de 2/5/2003. 2. O artigo 167, IV, da Constituição Federal veda a vinculação de receita de impostos a órgão, fundo ou despesa, ressalvados os casos previstos nesse dispositivo e em outras normas constitucionais. Isso porque o estabelecimento de vinculações de receitas orçamentárias, quando não previstas ou autorizadas na Constituição Federal, cerceia o poder de gestão financeira do chefe do Poder Executivo. Precedentes: ADI 1.759, rel. min. Gilmar Mendes, Plenário, DJe de 20/8/2010; ADI 1.750, rel. min. Eros Grau, Plenário, DJ de 13/10/2006. 3. O artigo 218, § 5º, da Constituição Federal faculta aos Estados-membros e ao Distrito Federal a vinculação de parcela de suas receitas orçamentárias a entidades públicas de fomento ao ensino e à pesquisa científica e tecnológica. Precedentes: ADI 550, rel. min. Ilmar Galvão, Plenário, DJ de 18/10/2002; e ADI 336, rel. min. Eros Grau, Plenário, DJ de 17/9/2010; e ADI 3.576, rel. min. Ellen Gracie, Plenário, DJ de 2/2/2007. 4. O artigo 197, § 2º, da Constituição do Estado do Espírito Santo determina a destinação anual de percentual da receita orçamentária estadual ao fomento de projetos de desenvolvimento científico e tecnológico, hipótese que encontra fundamento no artigo 218, § 5º, da Constituição Federal. 5. O artigo 41 do Ato das Disposições Constitucionais Transitórias do Estado do Espírito Santo determina a destinação anual de percentual da arrecadação do ICMS a programas de financiamento do setor produtivo e de infraestrutura dos Municípios ao norte do Rio Doce e daqueles por ele banhados, consubstanciando afronta ao disposto no artigo 167, IV, da Constituição Federal, que não permite a vinculação da receita de impostos estaduais a programas de desenvolvimento regional. 6. Ação direta de inconstitucionalidade conhecida e julgada parcialmente procedente para declarar a inconstitucionalidade do artigo 41 do Ato das Disposições Constitucionais Transitórias do Estado do Espírito Santo. (Brasil, 2019d)

AÇÃO DIRETA DE INCONSTITUCIONALIDADE. ART. 354 DA CONSTITUIÇÃO DO ESTADO DE MATO GROSSO. LEI ESTADUAL N. 5.696/90. FUNDAÇÃO DE AMPARO À PESQUISA DO ESTADO. ALEGADA CONTRARIEDADE AOS ARTS. 2º; 61, § 1º, II, A E E; E 169 DA CONSTITUIÇÃO FEDERAL. Parcial perda de objeto do feito em relação à Lei n. 5.696/90, tendo em vista sua expressa revogação. Precedentes. Dispositivo da Constituição estadual que, ao destinar dois por cento da receita tributária do Estado de Mato Grosso à mencionada entidade de fomento científico, o fez nos limites do art. 218, § 5.º, da Carta da República, o que evidencia a improcedência da ação nesse ponto. (Brasil, 2002)

CONSTITUCIONAL. DESTINAÇÃO DE PARCELAS DA RECEITA TRIBUTARIA A FINS PRE-ESTABELECIDOS. Constituição do Estado do Rio de Janeiro, § 1º do art. 306, art. 311, parte final do § 2º do art. 311, § 5º do art. 311 e art. 329. I – Destinação de parcelas da receita tributaria a fins pre-estabelecidos: suspensão cautelar deferida: § 1º do art. 306, art. 311, parte final do § 2º do art. 311 e § 5º do art. 311, dado que as normas impugnadas elidem a competência do executivo na elaboração da lei orçamentaria, retirando-lhe a iniciativa dessa lei, obrigando-o a destinar dotações orçamentarias a fins pre-estabelecidos e a entidades pre-determinadas. II – Indeferimento da cautelar no que concerne ao art. 329, que estabelece que o Estado manterá Fundação de Amparo a Pesquisa, atribuindo-lhe dotação mínima correspondente a 2% da receita tributaria, para aplicação no desenvolvimento cientifico e tecnológico. E que, no ponto, a Constituição Federal faculta aos Estados e ao Distrito Federal vincular parcela de sua receita orçamentaria a entidades publicas de fomento ao ensino e a pesquisa Cientifica e tecnológica. C.F., art. 212, § 5º. Precedentes do STF: ADIns nº 550-2-MT, 336-SE e 422. III – Cautelar deferida, em parte. (Brasil, 1993b)

Temos, assim, um quadro geral dos incentivos tributários possíveis. Portanto, podemos compreender a atuação da atividade de fomento no âmbito tributário.

— 12.5 —
Regime diferenciado nas contratações públicas: fomento para micro e pequenas empresas

Além do tratamento tributário diferenciado, com regramento do Simples Nacional, a Lei Complementar n. 123/2006 traz outra modalidade de fomento voltada para as micro e pequena empresas. Reconhecendo sua vulnerabilidade em relação a grandes empresas, o art. 44 da referida lei traz a hipótese de "empate ficto", com o intuito de estimular e mesmo viabilizar a maior participação desses negócios em licitações.

> Art. 44. Nas licitações será assegurada, como critério de desempate, preferência de contratação para as microempresas e empresas de pequeno porte.
>
> § 1º Entende-se por empate aquelas situações em que as propostas apresentadas pelas microempresas e empresas de pequeno porte sejam iguais ou até 10% (dez por cento) superiores à proposta mais bem classificada.
>
> § 2º Na modalidade de pregão, o intervalo percentual estabelecido no §1º deste artigo será de até 5% (cinco por cento) superior ao melhor preço. (Brasil, 2006a)

Desse modo, há uma margem percentual dentro da qual, mesmo não tendo a proposta mais vantajosa, a micro ou a pequena empresa é considerada empatada para fins licitatórios.

Embora não tenha condições econômicas de fazer propostas tão vantajosas quanto, eventualmente, uma empresa bem maior, a micro ou a pequena empresa é estimulada a participar das concorrências, amenizando-se, por esses critérios, sua hipossuficiência.

O resultado pretendido é estimular cada vez mais os pequenos negócios, evitando a superconcentração econômica, a qual é prejudicial ao desenvolvimento de um mercado dotado de concorrência e economia saudáveis.

— 12.6 —
Transferências de bens e recursos públicos

Nos termos da Lei n. 9.790, de 23 de março de 1999 (Brasil, 1999c), as Organizações da Sociedade Civil de Interesse Público (Oscips) podem receber transferências de bens e recursos mediante a assinatura de um termo de parceria.

Já as organizações sociais, além de bens e recursos públicos, também podem receber servidores públicos para realizar atividades de fomento, nesse caso, por meio da assinatura de um contrato de gestão, nos termos da citada lei.

Capítulo 13

Limites e controle da função administrativa de fomento

Neste capítulo, abordaremos os limites e as formas de controle da função administrativa de fomento à luz do regime jurídico administrativo.

— 13.1 —
Igualdade material, impessoalidade e proporcionalidade

O fomento é uma atividade administrativa que, pela própria natureza, produz interferência no domínio econômico reservado aos agentes privados, tendo o potencial de causar desequilíbrios e desigualdades. A questão já se coloca com força nas modalidades de fomento que utilizam instrumentos tributários, notadamente a isenção, e abre o debate sobre até que ponto tal isenção fere ou não a capacidade contributiva. No entanto, também vai além, produzindo uma desigualdade reflexa, que é a desigualdade de concorrência no mercado. O tema, portanto, é delicado.

Por isso, a atividade de fomento, quando existente, deve sempre atender à isonomia material, criando diferenças apenas com o objetivo de reequilibrar situações que, originalmente, já são desiguais. Trata-se, assim, da aplicação de igualdade material, visando aos objetivos fundamentais do Estado, especificamente àquele que determina uma sociedade mais igual, justa e solidária.

Mas a existência de isonomia (ou situação de reequilíbrio de diferenças) não é suficiente, pois se o fomento não for disponibilizado de maneira impessoal, criará privilégios e vantagens que não são aceitos pela Constituição.

Por último, e para evitar a violação do princípio da impessoalidade, é necessário que a diferenciação (e aqui voltamos à busca da realização de igualdade material) esteja pautada pelo princípio da proporcionalidade, nas três dimensões identificadas por Virgílio Afonso da Silva (2002):

- **Adequação**: há interesse público que justifique o tratamento diferenciado?

- **Necessidade**: o meio escolhido pelo administrador é o único que atende ao caso ou há medida alternativa que seja menos restritiva para os particulares que não serão fomentados?

- **Proporcionalidade em sentido estrito**: no sopesamento entre o interesse público tutelado pelo fomento e o interesse dos particulares não abrangidos pelo fomento, há um equilíbrio?

— 13.2 —
Meios de controle

O fomento, como outros atos administrativos, está submetido a controle. A verificação dos atos que importem em fomento é muito semelhante àquela que se refere aos atos administrativos em geral. Sob essa ótica, há, assim, três diferentes esferas de controle observáveis:

- **Controle interno**: trata-se um de controle realizado pelo próprio órgão da Administração Pública emissor do ato.

- **Controle externo**: é exercido pelo Poder Legislativo, com o auxílio dos Tribunais de Contas especialmente quanto aos atos de fomento, que importam em direto impacto financeiro.
- **Controle social**: realizado pela sociedade como um todo, que, se entender presente alguma ilegalidade ou irregularidade no ato, poderá submetê-lo à apreciação do Poder Judiciário.

A Figura 13.1, a seguir, representa o posicionamento dos atos de controle exercidos pela Administração Pública de forma visual e facilmente apreensível:

Figura 13.1 – Controle dos atos de fomento

```
                    Interno
                       |
              Controle da
              Administração
              Pública
              /            \
    Externo (Poder          Social
    Legislativo com
    auxílio do TC)
```

O controle dos atos administrativos, sejam eles promotores de fomento, sejam de qualquer outro comportamento administrativo, é disciplina extensa que não cabe ser analisada no reduzido espaço aqui reservado[1].

---

1 Por isso, remetemos o leitor à apreciação de Maria Sobrinho (2020, p. 199-235).

Referências

ARAGÃO, A. S. de. **Direito dos serviços públicos**. Rio de Janeiro: Forense, 2007.

ARAÚJO, L. A. D. **A proteção constitucional das pessoas portadoras de deficiências**. Brasília: Coordenadoria Nacional para Integração da Pessoa Portadora de Deficiência, 1994.

ATALIBA, G. **Hipótese de incidência tributária**. 6. ed. São Paulo: Malheiros, 2004.

ATALIBA, G.; FOLGOSI, R. Saneamento básico: serviço público estadual e municipal – contrato administrativo entre Sabesp e Município – concessão não ordinária. **Revista Trimestral de Direito Público**, São Paulo, n. 9, p. 105-122, 1995.

BAHIENSE, D. A. Revisões e reajustes tarifários no setor elétrico brasileiro pós-racionamento. **Bahia Análise & Dados**, Salvador, v. 12, n. 3, p. 159-166, 2002.

BARROSO, L. R. A propriedade das águas na Constituição. **Revista CEJ**, Brasília, n. 12, p. 17-20, 2000.

BATISTA, J. P. **Remuneração dos serviços públicos**. São Paulo: Malheiros, 2005.

BRASIL. Constituição (1988). **Diário Oficial da União**, Brasília, DF, 5 out. 1988. Disponível em: <http://www.planalto.gov.br/ccivil_03/constituicao/constituicao.htm>. Acesso em: 26 ago. 2021.

BRASIL. Decreto-Lei n. 200, de 25 de fevereiro de 1967. **Diário Oficial da União**, Poder Executivo, Brasília, DF, 27 fev. 1967. Disponível em: <http://www.planalto.gov.br/ccivil_03/decreto-lei/del0200.htm>. Acesso em: 26 ago. 2021.

BRASIL. Decreto n. 2.655, de 2 de julho de 1998. **Diário Oficial da União**, Poder Legislativo, Brasília, DF, 3 jul. 1998a. Disponível em: <http://www.planalto.gov.br/ccivil_03/decreto/d2655.htm>. Acesso em: 26 ago. 2021.

BRASIL. Emenda Constitucional n. 32, de 11 de setembro de 2001. **Diário Oficial da União**, Poder Legislativo, Brasília, DF, 12 set. 2001a. Disponível em: <http://www.planalto.gov.br/ccivil_03/constituicao/emendas/emc/emc32.htm>. Acesso em: 26 ago. 2021.

BRASIL. Emenda Constitucional n. 8, de 15 de agosto de 1995. **Diário Oficial da União**, Brasília, DF, 16 ago. 1995a. Disponível em: <http://www.planalto.gov.br/ccivil_03/constituicao/emendas/emc/emc08.htm>. Acesso em: 26 ago. 2021.

BRASIL. Lei Complementar n. 123, de 14 de dezembro de 2006. **Diário Oficial da União**, Poder Legislativo, Brasília, DF, 15 dez. 2006a. Disponível em: <http://www.planalto.gov.br/ccivil_03/leis/lcp/lcp123.htm>. Acesso em: 26 ago. 2021.

BRASIL. Lei Complementar n. 141, de 13 de janeiro de 2012. **Diário Oficial da União**, Poder Legislativo, Brasília, DF, 16 jan. 2012a. Disponível em: <http://www.planalto.gov.br/ccivil_03/leis/lcp/lcp141.htm>. Acesso em: 26 ago. 2021.

BRASIL. Lei n. 5.172, de 25 de outubro de 1966. **Diário Oficial da União**, Poder Legislativo, Brasília, DF, 27 out. 1966. Disponível em: <http://www.planalto.gov.br/ccivil_03/leis/l5172compilado.htm>. Acesso em: 26 ago. 2021.

BRASIL. Lei n. 6.528, de 11 de maio de 1978. **Diário Oficial da União**, Poder Legislativo, Brasília, DF, 15 maio 1978. Disponível em: <https://www.planalto.gov.br/ccivil_03/leis/l6528.htm>. Acesso em: 26 ago. 2021.

BRASIL. Lei n. 8.078, de 11 de setembro de 1990. **Diário Oficial da União**, Poder Legislativo, Brasília, DF, 12 set. 1990a. Disponível em: <http://www.planalto.gov.br/ccivil_03/leis/l8078compilado.htm>. Acesso em: 26 ago. 2021.

BRASIL. Lei n. 8.080, de 19 de setembro de 1990. **Diário Oficial da União**, Poder Legislativo, Brasília, DF, 20 set. 1990b. Disponível em: <http://www.planalto.gov.br/ccivil_03/leis/l8080.htm>. Acesso em: 8 jul. 2021.

BRASIL. Lei n. 8.666, de 21 de junho de 1993. **Diário Oficial da União**, Poder Legislativo, Brasília, DF, 22 jun. 1993a. Disponível em: <http://www.planalto.gov.br/ccivil_03/leis/l8666cons.htm>. Acesso em: 26 ago. 2021.

BRASIL. Lei n. 8.987, de 13 de fevereiro de 1995. **Diário Oficial da União**, Poder Legislativo, Brasília, DF, 14 fev. 1995b. Disponível em: <http://www.planalto.gov.br/ccivil_03/leis/l8987cons.htm>. Acesso em: 26 ago. 2021.

BRASIL. Lei n. 9.074, de 7 de julho de 1995. **Diário Oficial da União**, Poder Legislativo, Brasília, DF, 8 ago. 1995c. Disponível em: <http://www.planalto.gov.br/ccivil_03/leis/l9074cons.htm>. Acesso em: 26 ago. 2021.

BRASIL. Lei n. 9.307, de 23 de setembro de 1996. **Diário Oficial da União**, Poder Legislativo, Brasília, DF, 24 set. 1996a. Disponível em: <https://www.planalto.gov.br/ccivil_03/leis/l9307.htm>. Acesso em: 26 ago. 2021.

BRASIL. Lei n. 9.394, de 20 de dezembro de 1996. **Diário Oficial da União**, Poder Legislativo, Brasília, DF, 23 dez. 1996b. Disponível em: <http://www.planalto.gov.br/ccivil_03/leis/l9394.htm>. Acesso em: 26 ago. 2021.

BRASIL. Lei n. 9.427, de 26 de dezembro de 1996. **Diário Oficial da União**, Poder Legislativo, Brasília, DF, 27 dez. 1996c. Disponível em: <http://www.planalto.gov.br/ccivil_03/leis/l9427compilada.htm>. Acesso em: 26 ago. 2021.

BRASIL. Lei n. 9.478, de 6 de agosto de 1997. **Diário Oficial da União**, Poder Legislativo, Brasília, DF, 7 ago. 1997. Disponível em: <http://www.planalto.gov.br/ccivil_03/leis/l9478.htm>. Acesso em: 26 ago. 2021.

BRASIL. Lei n. 9.637, de 15 de maio de 1998. **Diário Oficial da União**, Poder Legislativo, Brasília, DF, 18 maio 1998b. Disponível em: <http://www.planalto.gov.br/ccivil_03/leis/l9637.htm>. Acesso em: 26 ago. 2021.

BRASIL. Lei n. 9.782, de 26 de janeiro de 1999. **Diário Oficial da União**, Poder Legislativo, Brasília, DF, 27 jan. 1999a. Disponível em: <http://www.planalto.gov.br/ccivil_03/leis/l9782.htm>. Acesso em: 26 ago. 2021.

BRASIL. Lei n. 9.784, de 29 de janeiro de 1999. **Diário Oficial da União**, Poder Legislativo, Brasília, DF, 1 fev. 1999b. Disponível em: <http://www.planalto.gov.br/ccivil_03/leis/l9784.htm>. Acesso em: 26 ago. 2021.

BRASIL. Lei n. 9.790, de 23 de março de 1999. **Diário Oficial da União**, Poder Legislativo, Brasília, DF, 24 mar. 1999c. Disponível em: <http://www.planalto.gov.br/ccivil_03/leis/l9790.htm>. Acesso em: 26 ago. 2021.

BRASIL. Lei n. 11.101, de 9 de fevereiro de 2005. **Diário Oficial da União**, Poder Legislativo, Brasília, DF, 9 fev. 2005a. Disponível em: <http://www.planalto.gov.br/ccivil_03/_ato2004-2006/2005/lei/l11101.htm>. Acesso em: 26 ago. 2021.

BRASIL. Lei n. 11.079, de 30 de dezembro de 2004. **Diário Oficial da União**, Poder Legislativo, Brasília, DF, 31 dez. 2004. Disponível em: <http://www.planalto.gov.br/ccivil_03/_ato2004-2006/2004/lei/l11079.htm>. Acesso em: 26 ago. 2021.

BRASIL. Lei n. 11.107, de 6 de abril de 2005. **Diário Oficial da União**, Poder Legislativo, Brasília, DF, 7 abr. 2005b. Disponível em: <http://www.planalto.gov.br/ccivil_03/_ato2004-2006/2005/lei/l11107.htm>. Acesso em: 26 ago. 2021.

BRASIL. Lei n. 11.274, de 6 de fevereiro de 2006. **Diário Oficial da União**, Poder Legislativo, Brasília, DF, 7 fev. 2006b. Disponível em: <http://www.planalto.gov.br/ccivil_03/_ato2004-2006/2006/lei/l11274.htm>. Acesso em: 26 ago. 2021.

BRASIL. Lei n. 11.445, de 5 de janeiro de 2007. **Diário Oficial da União**, Poder Legislativo, Brasília, DF, 8 jan. 2007. Disponível em: <http://www.planalto.gov.br/ccivil_03/_ato2007-2010/2007/lei/l11445.htm>. Acesso em: 26 ago. 2021.

BRASIL. Lei n. 11.922, de 13 de abril de 2009. **Diário Oficial da União**, Poder Legislativo, Brasília, DF, 14 abr. 2009a. Disponível em: <http://www.planalto.gov.br/ccivil_03/_ato2007-2010/2009/Lei/L11922.htm>. Acesso em: 26 ago. 2021.

BRASIL. Lei n. 13.019, de 31 de julho de 2014. **Diário Oficial da União**, Poder Legislativo, Brasília, DF, 1º ago. 2014a. Disponível em: <http://www.planalto.gov.br/ccivil_03/_ato2011-2014/2014/lei/l13019.htm>. Acesso em: 26 ago. 2021.

BRASIL. Lei n. 13.427, de 30 de março de 2017. **Diário Oficial da União**, Poder Legislativo, Brasília, DF, 31 mar. 2017a. Disponível em: <http://www.planalto.gov.br/ccivil_03/_ato2015-2018/2017/lei/L13427.htm>. Acesso em: 26 ago. 2021.

BRASIL. Lei n. 13.460, de 26 de junho de 2017. **Diário Oficial da União**, Poder Legislativo, Brasília, DF, 27 jun. 2017b. Disponível em: <http://www.planalto.gov.br/ccivil_03/_ato2015-2018/2017/lei/l13460.htm>. Acesso em: 26 ago. 2021.

BRASIL. Lei n. 14.015, de 15 de junho de 2020. **Diário Oficial da União**, Poder Legislativo, Brasília, DF, 16 jun. 2020a. Disponível em: <http://www.planalto.gov.br/ccivil_03/_ato2019-2022/2020/lei/L14015.htm>. Acesso em: 26 ago. 2021.

BRASIL. Lei n. 14.026, de 15 de julho de 2020. **Diário Oficial da União**, Poder Legislativo, Brasília, DF, 16 jul. 2020b. Disponível em: <http://www.planalto.gov.br/ccivil_03/_ato2019-2022/2020/lei/l14026.htm>. Acesso em: 26 ago. 2021.

BRASIL. Lei n. 14.113, de 25 de dezembro de 2020. **Diário Oficial da União**, Poder Legislativo, Brasília, DF, 25 dez. 2020c. Disponível em: <http://www.planalto.gov.br/ccivil_03/_Ato2019-2022/2020/Lei/L14113.htm>. Acesso em: 26 ago. 2021.

BRASIL. Lei n. 14.133, de 1º de abril de 2021. **Diário Oficial da União**, Poder Legislativo, Brasília, DF, 1º abr. 2021a. Disponível em: <http://www.planalto.gov.br/ccivil_03/_ato2019-2022/2021/lei/L14133.htm>. Acesso em: 26 ago. 2021.

BRASIL. Medida Provisória n. 1.514, de 7 de agosto de 1996. **Diário Oficial da União**, Poder Legislativo, Brasília, DF, 8 ago. 1996d. Disponível em: <https://www.planalto.gov.br/ccivil_03/mpv/antigas/1514.htm>. Acesso em: 26 ago. 2021.

BRASIL. Medida Provisória n. 2.192-70, de 24 de agosto de 2001. **Diário Oficial da União**, Poder Legislativo, Brasília, DF, 25 ago. 2001b. Disponível em: <http://www.planalto.gov.br/ccivil_03/mpv/antigas_2001/2192-70.htm>. Acesso em: 26 ago. 2021.

BRASIL. Ministério do Desenvolvimento Regional. Secretaria Nacional de Saneamento. **Sistema Nacional de Informações sobre Saneamento**: 24º Diagnóstico dos Serviços de Água e Esgotos – 2018. Brasília: SNS/MDR, 2019a.

BRASIL. Presidência da República. **Plano Diretor de Reforma do Estado**. Brasília, 1995d.

BRASIL. Superior Tribunal de Justiça. AgRg no REsp 0863711-55.2013.8.13.0000 MG. Rel. Min. Mauro Campbell Marques. **Diário de Justiça Eletrônico**, 2 fez. 2014b. Disponível em: <https://stj.jusbrasil.com.br/jurisprudencia/155079377/agravo-regimental-no-recurso-especial-agrg-no-resp-1471694-mg-2014-0188437-2>. Acesso em: 26 ago. 2021.

BRASIL. Superior Tribunal de Justiça. AgRg no REsp 5002698-44/SC. Rel. Min. Assusete Magalhães. **Diário de Justiça Eletrônico**, 14 mar. 2016a. Disponível em: <https://stj.jusbrasil.com.br/jurisprudencia/861898210/agravo-regimental-no-agravo-em-recurso-especial-agrg-no-aresp-825416-sc-2015-0310283-5>. Acesso em: 26 ago. 2021.

BRASIL. Superior Tribunal de Justiça. REsp 0001209-50. Rel. Min. Gurgel de Faria. **Diário de Justiça Eletrônico**, 28 jun. 2018a. Disponível em: <https://stj.jusbrasil.com.br/jurisprudencia/595168228/recurso-especial-resp-1438704-se-2014-0042310-5>. Acesso em: 26 ago. 2021.

BRASIL. Superior Tribunal de Justiça. REsp 0390048. Rel. Min. Herman Benjamin. **Diário de Justiça Eletrônico**, 5 dez. 2019b. Disponível em: <https://stj.jusbrasil.com.br/jurisprudencia/855190571/recurso-especial-resp-1835585-rj-2019-0192460-3?ref=serp>. Acesso em: 26 ago. 2021.

BRASIL. Superior Tribunal de Justiça. REsp 1314050. Rel. Min. Herman Benjamin. **Diário de Justiça Eletrônico**, 19 dez. 2012b. Disponível em: <https://stj.jusbrasil.com.br/jurisprudencia/866235128/recurso-especial-resp-1314050-rj-2011-0302055-3>. Acesso em: 26 ago. 2021.

BRASIL. Superior Tribunal de Justiça. REsp 1718922/RJ. Rel. Min. Herman Benjamin. **Diário de Justiça Eletrônico**, 8 set. 2020d. Disponível em: <https://stj.jusbrasil.com.br/jurisprudencia/1101102173/recurso-especial-resp-1718922-rj-2017-0317387-9?ref=serp>. Acesso em: 26 ago. 2021.

BRASIL. Superior Tribunal de Justiça. REsp 417804. Rel. Min. Teori Albino Zavascki. **Diário de Justiça Eletrônico**, 16 maio 2005c. Disponível em: <https://stj.jusbrasil.com.br/jurisprudencia/98769/recurso-especial-resp-417804-pr-2002-0018047-0>. Acesso em: 26 ago. 2021.

BRASIL. Superior Tribunal de Justiça. REsp 817534/MG. Rel. Min. Mauro Campbell Marques. **Diário de Justiça Eletrônico**, 10 dez. 2009b. Disponível em: <https://stj.jusbrasil.com.br/jurisprudencia/8635287/recurso-especial-resp-817534-mg-2006-0025288-1-stj>. Acesso em: 26 ago. 2021.

BRASIL. Superior Tribunal de Justiça. **Súmulas do Superior Tribunal de Justiça**. Disponível em: <https://scon.stj.jus.br/docs_internet/ VerbetesSTJ.pdf>. Acesso em: 26 ago. 2021b.

BRASIL. Supremo Tribunal Federal. **A Constituição e o Supremo**. Disponível em: <http://www.stf.jus.br/portal/constituicao/artigobd. asp?item=%201380>. Acesso em: 26 ago. 2021c.

BRASIL. Supremo Tribunal Federal. AC 2.197/DF. Rel. Min. Celso de Mello. **Diário de Justiça Eletrônico**, 13 nov. 2009c. Disponível em: <https://stf.jusbrasil.com.br/jurisprudencia/14716873/referendo-em-medcaut-acao-cautelar-ac-2197-df>. Acesso em: 26 ago. 2021.

BRASIL. Supremo Tribunal Federal. AC 2683 MC-QO. Rel. Min. Ayres Britto. **Diário de Justiça Eletrônico**, 26 jun. 2012c. Disponível em: <https://redir.stf.jus.br/paginadorpub/paginador. jsp?docTP=TP&docID=2218343>. Acesso em: 26 ago. 2021.

BRASIL. Supremo Tribunal Federal. ADI 0001985-47/DF. Rel. Min. Dias Toffoli. **Diário de Justiça Eletrônico**, 5 mar. 2020e. Disponível em: <https://stf.jusbrasil.com.br/jurisprudencia/862063469/ acao-direta-de-inconstitucionalidade-adi-2658-df-distrito-federal-0001985-4720021000000>. Acesso em: 26 ago. 2021.

BRASIL. Supremo Tribunal Federal. ADI 0003923-82/BA. Rel. Min. Alexandre de Moraes. **Diário de Justiça Eletrônico**, 16 set. 2019c. Disponível em: <https://stf.jusbrasil.com.br/jurisprudencia/768214399/ acao-direta-de-inconstitucionalidade-adi-2077-ba-bahia-0003923-8219991000000>. Acesso em: 26 ago. 2021.

BRASIL. Supremo Tribunal Federal. ADI 0026883/AP. Rel. Min. Marco Aurélio. **Diário de Justiça Eletrônico**, 5 maio 2020f. Disponível em: <https://stf.jusbrasil.com.br/jurisprudencia/862096493/acao-direta-de-inconstitucionalidade-adi-6211-ap-amapa-0026883-3120191000000/inteiro-teor-862096517?ref=juris-tabs>. Acesso em: 26 ago. 2021.

BRASIL. Supremo Tribunal Federal. ADI 0071484/DF. Rel. Min. Alexandre de Moraes. **Diário de Justiça Eletrônico**, 18 maio 2021d. Disponível em: <https://stf.jusbrasil.com.br/jurisprudencia/1209751430/acao-direta-de-inconstitucionalidade-adi-5948-df-0071484-5920181000000/inteiro-teor-1209751435>. Acesso em: 26 ago. 2021.

BRASIL. Supremo Tribunal Federal. ADI 0088727-45/DF. Rel. Min. Marco Aurélio. **Diário de Justiça Eletrônico**, 17 nov. 2020g. Disponível em: <https://stf.jusbrasil.com.br/jurisprudencia/1126239005/referendo-na-medida-cautelar-na-acao-direta-de-inconstitucionalidade-adi-6343-df-0088727-4520201000000>. Acesso em: 26 ago. 2021.

BRASIL. Supremo Tribunal Federal. ADI 0110642-53/DF. Rel. Min. Ricardo Lewandowski. **Diário de Justiça Eletrônico**, 12 abr. 2021e. Disponível em: <https://stf.jusbrasil.com.br/jurisprudencia/1192153892/referendo-na-medida-cautelar-na-acao-direta-de-inconstitucionalidade-adi-6625-df-0110642-5320201000000>. Acesso em: 26 ago. 2021.

BRASIL. Supremo Tribunal Federal. ADI 422/ES. Rel. Min. Luiz Fux. **Diário de Justiça Eletrônico**, 9 set. 2019d. Disponível em: <https://www.lexml.gov.br/urn/urn:lex:br:supremo.tribunal.federal;plenario:acordao;adi:2019-08-23;422-1511810>. Acesso em: 26 ago. 2021.

BRASIL. Supremo Tribunal Federal. ADI 550/MT. Rel. Min. Ilmar Galvão. **Diário de Justiça Eletrônico**, 18 out. 2002. Disponível em: <https://stf.jusbrasil.com.br/jurisprudencia/773271/acao-direta-de-inconstitucionalidade-adi-550-mt>. Acesso em: 26 ago. 2021.

BRASIL. Supremo Tribunal Federal. ADI 780/RJ. Rel. Min. Carlos Velloso. **Diário de Justiça Eletrônico**, 16 abr. 1993b. Disponível em: <https://stf.jusbrasil.com.br/jurisprudencia/14708010/medida-cautelar-na-acao-direta-de-inconstitucionalidade-adi-780-rj>. Acesso em: 26 ago. 2021.

BRASIL. Supremo Tribunal Federal. ADI 1.717/DF. Rel. Min. Sydney Sanches. **Diário de Justiça Eletrônico**, 28 mar. 2003. Disponível em: <https://stf.jusbrasil.com.br/jurisprudencia/772345/acao-direta-de-inconstitucionalidade-adi-1717-df>. Acesso em: 26 ago. 2021.

BRASIL. Supremo Tribunal Federal. ADI 1.746/SP. Rel. Min. Marco Aurélio. **Diário de Justiça Eletrônico**, 18 set. 2014c. Disponível em: <https://stf.jusbrasil.com.br/jurisprudencia/25313919/acao-direta-de-inconstitucionalidade-adi-1746-sp-stf/inteiro-teor-151825300>. Acesso em: 26 ago. 2021.

BRASIL. Supremo Tribunal Federal. ADI 2.095/RS. Rel. Min. Carmen Lúcia. **Diário de Justiça Eletrônico**, 26 nov. 2019e. Disponível em: <https://stf.jusbrasil.com.br/jurisprudencia/862010849/acao-direta-de-inconstitucionalidade-adi-2095-rs-rio-grande-do-sul-0004371-5519991000000>. Acesso em: 26 ago. 2021.

BRASIL. Supremo Tribunal Federal. ADI 2.299/RS. Rel. Min. Roberto Barroso. **Diário de Justiça Eletrônico**, 13 dez. 2019f. Disponível em: <https://redir.stf.jus.br/paginadorpub/paginador.jsp?docTP=TP&docID=751630862>. Acesso em: 26 ago. 2021.

BRASIL. Supremo Tribunal Federal. ADI 2.340/SC. Rel. Min. Ricardo Lewandowski. **Diário de Justiça Eletrônico**, 10 maio 2013. Disponível em: <https://stf.jusbrasil.com.br/jurisprudencia/23507726/acao-direta-de-inconstitucionalidade-adi-2340-sc-stf>. Acesso em: 26 ago. 2021.

BRASIL. Supremo Tribunal Federal. ADI 2.544/RS. Rel. Min. Sepúlveda Pertence. **Diário de Justiça Eletrônico**, 17 nov. 2016b. Disponível em: <https://stf.jusbrasil.com.br/jurisprudencia/14731891/acao-direta-de-inconstitucionalidade-adi-2544-rs>. Acesso em: 26 ago. 2021.

BRASIL. Supremo Tribunal Federal. ADI 2.551 MC-QO. Rel. Min. Celso de Mello. **Diário de Justiça Eletrônico**, 20 abr. 2006c. Disponível em: <https://stf.jusbrasil.com.br/jurisprudencia/771301/questao-de-ordem-na-medida-cautelar-na-acao-direta-de-inconstitucionalidade-adi-mc-qo-2551-mg>. Acesso em: 26 ago. 2021.

BRASIL. Supremo Tribunal Federal. ADI 2.658/DF. Rel. Min. Dias Toffoli. **Diário de Justiça Eletrônico**, 5 mar. 2020h. Disponível em: <https://redir.stf.jus.br/paginadorpub/paginador.jsp?docTP=TP&docID=752143950>. Acesso em: 26 ago. 2021.

BRASIL. Supremo Tribunal Federal. ADI 2.811/RS. Rel. Min. Rosa Weber. **Diário de Justiça Eletrônico**, 7 nov. 2019g. Disponível em: <https://redir.stf.jus.br/paginadorpub/paginador.jsp?docTP=TP&docID=751330939>. Acesso em: 26 ago. 2021.

BRASIL. Supremo Tribunal Federal. ADI 4.033/DF. Rel. Min. Joaquim Barbosa. **Diário de Justiça Eletrônico**, 7 fev. 2011a. Disponível em: <https://redir.stf.jus.br/paginadorpub/paginador.jsp?docTP=AC&docID=618678>. Acesso em: 26 ago. 2021.

BRASIL. Supremo Tribunal Federal. ADI 4.167/DF. Rel. Min. Joaquim Barbosa. **Diário de Justiça Eletrônico**, 24 ago. 2011b. Disponível em: <https://stf.jusbrasil.com.br/jurisprudencia/20627435/acao-direta-de-inconstitucionalidade-adi-4167-df-stf>. Acesso em: 26 ago. 2021.

BRASIL. Supremo Tribunal Federal. ADI 4.454/PR. Rel. Min. Cármen Lúcia. **Diário de Justiça Eletrônico**, 25 ago. 2020i. Disponível em: <https://www.aloisiozimmer.adv.br/images/104/Voto_ADI_4454.pdf>. Acesso em: 26 ago. 2021.

BRASIL. Supremo Tribunal Federal. ADI 9929892-95/SC. Rel. Min. Luiz Fux. **Diário de Justiça Eletrônico**, 12 mar. 2020j. Disponível em: <https://stf.jusbrasil.com.br/jurisprudencia/860688482/acao-direta-de-inconstitucionalidade-adi-4573-sc-santa-catarina-9929892-9520111000000/inteiro-teor-860688492>. Acesso em: 26 ago. 2021.

BRASIL. Supremo Tribunal Federal. ADIN 1.842/RJ. Rel. Min. Gilmar Mendes. **Diário de Justiça Eletrônico**, 23 nov. 2020k. Disponível em: <https://redir.stf.jus.br/paginadorpub/paginador.jsp?docTP=TP&docID=754566805>. Acesso em: 26 ago. 2021.

BRASIL. Supremo Tribunal Federal. ADIN 1.923/DF. Rel. Min. Ayres Britto. **Diário de Justiça Eletrônico**, 17 dez. 2015a. Disponível em: <https://www.stf.jus.br/arquivo/cms/noticiaNoticiaStf/anexo/Voto__ADI1923LF.pdf>. Acesso em: 26 ago. 2021.

BRASIL. Supremo Tribunal Federal. ADPF 0010995-90. Rel. Min. Luiz Fux. **Diário de Justiça Eletrônico**, 10 nov. 2020l. Disponível em: <https://stf.jusbrasil.com.br/jurisprudencia/1120327718/arguicao-de-descumprimento-de-preceito-fundamental-adpf-484-ac-0010995-9020171000000/inteiro-teor-1120327753>. Acesso em: 26 ago. 2021.

BRASIL. Supremo Tribunal Federal. ADPF 46. Rel. Min. Eros Grau. **Diário de Justiça Eletrônico**, 24 ago. 2011c. Disponível em: <http://portal.stf.jus.br/processos/detalhe.asp?incidente=2182784>. Acesso em: 26 ago. 2021.

BRASIL. Supremo Tribunal Federal. AI 810097. Rel. Min. Gilmar Mendes. **Diário de Justiça Eletrônico**, 17 nov. 2011d. Disponível em: <http://www.stf.jus.br/portal/jurisprudenciaRepercussao/verAndamentoProcesso.asp?incidente=3925777&numeroProcesso=810097&classeProcesso=AI&numeroTema=489>. Acesso em: 26 ago. 2021.

BRASIL. Supremo Tribunal Federal. AI 839695. Rel. Min. Presidente. **Diário de Justiça Eletrônico**, 31 ago. 2011e. Disponível em: <http://www.stf.jus.br/portal/jurisprudenciaRepercussao/verAndamentoProcesso.asp?incidente=4036049&numeroProcesso=839695&classeProcesso=AI&numeroTema=413>. Acesso em: 26 ago. 2021.

BRASIL. Supremo Tribunal Federal. ARE 900968. Rel. Min. Presidente. **Diário de Justiça Eletrônico**, 20 nov. 2015b. Disponível em: <http://www.stf.jus.br/portal/jurisprudenciaRepercussao/verAndamentoProcesso.asp?incidente=4810337&numeroProcesso=900968&classeProcesso=ARE&numeroTema=845>. Acesso em: 26 ago. 2021.

BRASIL. Supremo Tribunal Federal. RE 0025895. Rel. Min. Ricardo Lewandowski. **Diário de Justiça Eletrônico**, 9 fev. 2021f. Disponível em: <https://stf.jusbrasil.com.br/jurisprudencia/1166963690/agreg-no-recurso-extraordinario-re-1221157-ac-0025895-1020108010001>. Acesso em: 26 ago. 2021.

BRASIL. Supremo Tribunal Federal. RE 0153664. Rel. Min. Nunes Marques. **Diário de Justiça Eletrônico**, 30 jun. 2021g. Disponível em: <https://stf.jusbrasil.com.br/jurisprudencia/1239654064/recurso-extraordinario-re-1313408-ac-0153664-5020168060001>. Acesso em: 26 ago. 2021.

BRASIL. Supremo Tribunal Federal. RE 0800252. Rel. Min. Ricardo Lewandowski. **Diário de Justiça Eletrônico**, 4 nov. 2020m. Disponível em: <https://stf.jusbrasil.com.br/jurisprudencia/1115800622/agreg-no-recurso-extraordinario-re-1266784-ac0800252-0720168010001/inteiro-teor-1115800629>. Acesso em: 26 ago. 2021.

BRASIL. Supremo Tribunal Federal. RE 120932/RS. Rel. Min. Sepúlveda Pertence. **Diário de Justiça Eletrônico**, 30 abr. 1992. Disponível em: <https://stf.jusbrasil.com.br/jurisprudencia/14709258/recurso-extraordinario-re-120932-rs>. Acesso em: 26 ago. 2021.

BRASIL. Supremo Tribunal Federal. RE 566471. Rel. Min. Marco Aurélio. **Diário de Justiça Eletrônico**, 16 mar. 2020n. Disponível em: <http://www.stf.jus.br/portal/jurisprudenciaRepercussao/verAndamentoProcesso.asp?incidente=2565078&numeroProcesso=566471&classeProcesso=RE&numeroTema=6>. Acesso em: 26 ago. 2021.

BRASIL. Supremo Tribunal Federal. RE 573675 SC. Rel. Min. Ricardo Lewandowski. **Diário de Justiça Eletrônico**, 25 mar. 2009d. Disponível em: <https://stf.jusbrasil.com.br/jurisprudencia/4130830/recurso-extraordinario-re-573675-sc>. Acesso em: 26 ago. 2021.

BRASIL. Supremo Tribunal Federal. RE 581488. Rel. Min. Dias Toffoli. **Diário de Justiça Eletrônico**, 7 abr. 2016c. Disponível em: <http://www.stf.jus.br/portal/jurisprudenciaRepercussao/verAndamentoProcesso.asp?incidente=2604151&numeroProcesso=581488&classeProcesso=RE&numeroTema=579>. Acesso em: 26 ago. 2021.

BRASIL. Supremo Tribunal Federal. RE 597064. Rel. Min. Gilmar Mendes. **Diário de Justiça Eletrônico**, 8 set. 2020o. Disponível em: <http://www.stf.jus.br/portal/jurisprudenciaRepercussao/verAndamentoProcesso.asp?incidente=2661252&numeroProcesso=597064&classeProcesso=RE&numeroTema=345>. Acesso em: 26 ago. 2021.

BRASIL. Supremo Tribunal Federal. RE 599362/RJ. Rel. Min. Dias Toffoli. **Diário de Justiça Eletrônico**, 10 fev. 2015c. Disponível em: <https://stf.jusbrasil.com.br/jurisprudencia/863925746/recurso-extraordinario-re-599362-rj-rio-de-janeiro>. Acesso em: 26 ago. 2021.

BRASIL. Supremo Tribunal Federal. RE 607582. Rel. Min. Ellen Gracie. **Diário de Justiça Eletrônico**, 17 mar. 2017c. Disponível em: <http://www.stf.jus.br/portal/jurisprudenciaRepercussao/verAndamentoProcesso.asp?incidente=3819070&numeroProcesso=607582&classeProcesso=RE&numeroTema=289>. Acesso em: 26 ago. 2021.

BRASIL. Supremo Tribunal Federal. RE 608588. Rel. Min. Luiz Fux. **Diário de Justiça Eletrônico**, 30 jun. 2021h. Disponível em: <http://www.stf.jus.br/portal/jurisprudenciaRepercussao/verAndamentoProcesso.asp?incidente=3832832&numeroProcesso=608588&classeProcesso=RE&numeroTema=656>. Acesso em: 26 ago. 2021.

BRASIL. Supremo Tribunal Federal. RE 627543/RS. Rel. Min. Dias Toffoli. **Diário de Justiça Eletrônico**, 29 out. 2014d. Disponível em: <https://redir.stf.jus.br/paginadorpub/paginador.jsp?docTP=TP&docID=7066469>. Acesso em: 26 ago. 2021.

BRASIL. Supremo Tribunal Federal. RE 627189. Rel. Min. Dias Toffoli. **Diário de Justiça Eletrônico**, 10 jun. 2016d. Disponível em: <http://www.stf.jus.br/portal/jurisprudenciaRepercussao/verAndamentoProcesso.asp?incidente=3919438&numeroProcesso=627189&classeProcesso=RE&numeroTema=479>. Acesso em: 26 ago. 2021.

BRASIL. Supremo Tribunal Federal. RE 633782/MG. Rel. Min. Luiz Fux. **Diário de Justiça Eletrônico**, 25 nov. 2020p. Disponível em: <https://stf.jusbrasil.com.br/jurisprudencia/1131242630/recurso-extraordinario-re-633782-mg>. Acesso em: 26 ago. 2021.

BRASIL. Supremo Tribunal Federal. RE 658570/MG. Rel. Min. Marco Aurélio. **Diário de Justiça Eletrônico**, 30 set. 2015d. Disponível em: <https://stf.jusbrasil.com.br/jurisprudencia/863995052/recurso-extraordinario-re-658570-mg-minas-gerais>. Acesso em: 26 ago. 2021.

BRASIL. Supremo Tribunal Federal. RE 666094. Rel. Min. Roberto Barroso. **Diário de Justiça Eletrônico**, 30 jun. 2021i. Disponível em: <https://redir.stf.jus.br/paginadorpub/paginador.jsp?docTP=TP&docID=751676305>. Acesso em: 26 ago. 2021.

BRASIL. Supremo Tribunal Federal. RE 684612. Rel. Min. Ricardo Lewandowski. **Diário de Justiça Eletrônico**, 27 maio 2020q. Disponível em: <http://www.stf.jus.br/portal/jurisprudenciaRepercussao/verAndamentoProcesso.asp?incidente=4237089&numeroProcesso=684612&classeProcesso=RE&numeroTema=698>. Acesso em: 26 ago. 2021.

BRASIL. Supremo Tribunal Federal. RE 759244/SP. Rel. Min. Edson Fachin. **Diário de Justiça Eletrônico**, 25 mar. 2020r. Disponível em: <https://redir.stf.jus.br/paginadorpub/paginador.jsp?docTP=TP&docID=752324318>. Acesso em: 26 ago. 2021.

BRASIL. Supremo Tribunal Federal. RE 827538. Rel. Min. Marco Aurelio. **Diário de Justiça Eletrônico**, 15 jun. 2021j. Disponível em: <https://www.stf.jus.br/portal/jurisprudenciaRepercussao/verAndamentoProcesso.asp?incidente=4607406&numeroProcesso=827538&classeProcesso=RE&numeroTema=774>. Acesso em: 26 ago. 2021.

BRASIL. Supremo Tribunal Federal. RE 855178. Rel. Min. Luiz Fux. **Diário de Justiça Eletrônico**, 3 jun. 2019h. Disponível em: <http://www.stf.jus.br/portal/jurisprudenciaRepercussao/verAndamentoProcesso.asp?incidente=4678356&numeroProcesso=855178&classeProcesso=RE&numeroTema=793>. Acesso em: 26 ago. 2021.

BRASIL. Supremo Tribunal Federal. RE 858075. Rel. Min. Marco Aurélio. **Diário de Justiça Eletrônico**, 17 maio 2021k. Disponível em: <http://www.stf.jus.br/portal/jurisprudenciaRepercussao/verAndamentoProcesso.asp?incidente=4685936&numeroProcesso=858075&classeProcesso=RE&numeroTema=818>. Acesso em: 26 ago. 2021.

BRASIL. Supremo Tribunal Federal. RE 888815. Rel. Min. Roberto Barroso. **Diário de Justiça Eletrônico**, 21 mar. 2019i. Disponível em: <http://www.stf.jus.br/portal/jurisprudenciaRepercussao/verAndamentoProcesso.asp?incidente=4774632&numeroProcesso=888815&classeProcesso=RE&numeroTema=822>. Acesso em: 26 ago. 2021.

BRASIL. Supremo Tribunal Federal. RE 936790. Rel. Min. Marco Aurélio. **Diário de Justiça Eletrônico**, 29 jul. 2020s. Disponível em: <http://www.stf.jus.br/portal/jurisprudenciaRepercussao/verAndamentoProcesso.asp?incidente=4899570&numeroProcesso=936790&classeProcesso=RE&numeroTema=958>. Acesso em: 26 ago. 2021.

BRASIL. Supremo Tribunal Federal. RE 979742. Rel. Min. Roberto Barroso. **Diário de Justiça Eletrônico**, 6 ago. 2018b. Disponível em: <http://www.stf.jus.br/portal/jurisprudenciaRepercussao/verAndamentoProcesso.asp?incidente=5006128&numeroProcesso=979742&classeProcesso=RE&numeroTema=952>. Acesso em: 26 ago. 2021.

BRASIL. Supremo Tribunal Federal. RE 1177699. Rel. Min. Edson Fachin. **Diário de Justiça Eletrônico**, 13 maio 2019j. Disponível em: <http://www.stf.jus.br/portal/jurisprudenciaRepercussao/verAndamentoProcesso.asp?incidente=5594844&numeroProcesso=1177699&classeProcesso=RE&numeroTema=1032>. Acesso em: 26 ago. 2021.

BRASIL. Supremo Tribunal Federal. Referendo na Medida Cautelar na Arguição de Descumprimento de Preceito Fundamental 672/DF. Rel. Min. Alexandre de Moraes. **Diário de Justiça Eletrônico**, 29 out. 2020t. Disponível em: <https://stf.jusbrasil.com.br/jurisprudencia/1113896606/referendo-na-medida-cautelar-na-arguicao-de-descumprimento-de-preceito-fundamental-adpf-672-df-0089306-9020201000000?ref=feed>. Acesso em: 26 ago. 2021.

BRASIL. Supremo Tribunal Federal. **Repercussão Geral n. 903**. Rel. Min. Carmem Lúcia. Disponível em: <http://www.stf.jus.br/portal/jurisprudenciaRepercussao/verAndamentoProcesso.asp?incidente=4660124&numeroProcesso=847429&classeProcesso=RE&numeroTema=903#>. Aces-so em: 26 ago. 2021l.

BRASIL. Supremo Tribunal Federal. Resp 0001998-27/RN. Rel. Min. Og Fernandes. **Diário de Justiça Eletrônico**, 18 set. 2018c. Disponível em: <https://stj.jusbrasil.com.br/jurisprudencia/627046451/recurso-especial-resp-1706625-rn-2017-0280808-2>. Acesso em: 26 ago. 2021.

CARVALHO FILHO, J. dos S. **Manual de direito administrativo**. 32. ed. São Paulo: Atlas, 2018.

CARVALHO, P. de B. **Curso de direito tributário**. 22. ed. São Paulo: Saraiva, 2010.

CNT – Confederação Nacional do Transporte. **Metrôs de São Paulo e de Salvador têm modelos de PPPs bem-sucedidas.** Disponível em <https://www.cnt.org.br/agencia-cnt/metros-sao-paulo-salvador-modelos-ppps-bem-sucedidos>. Acesso em: 26 ago. 2021.

CONSÓRCIO PARANÁ SAÚDE. **Estatuto do Consórcio Intergestores Paraná Saúde**. 12 abr. 2019. Disponível em: <https://www.consorcioparanasaude.com.br/?page_id=906>. Acesso em: 26 ago. 2021.

CUNHA, A.; FERREIRA, M. R.; PRADO, S. O. M. A responsabilidade civil do Estado pela crise de energia elétrica de 2001. **Revista da Academia de Direito Constitucional**, n. 4, p. 287-322, 2003.

DI PIETRO, M. S. Z. **Direito administrativo**. 32. ed. São Paulo: Grupo GEN, 2020.

DI PIETRO, M. S. Z. **Parcerias na administração pública**. 12. ed. São Paulo: Grupo GEN, 2019.

FERRAZ, S.; SAAD, A. F. **Autorização de serviço público**. São Paulo: Malheiros, 2018.

GONÇALVES, P. **A concessão de serviços públicos**: uma aplicação da técnica concessória. Coimbra: Almedina, 1999.

GOVERNOS ABERTOS. **Lei 13460**. Disponível em: <http://governos abertos.com.br/sitev2/lei-13460/>. Acesso em: 28 jul. 2021.

GRAU, E. R. **A ordem econômica na Constituição de 1988**. 14. ed. São Paulo: Malheiros, 2010.

GROTTI, D. A. M. **Serviço público e a Constituição Brasileira de 1988**. São Paulo: Malheiros, 2003.

JUSTEN FILHO, M. **Curso de direito administrativo**. 12. ed. São Paulo: Revista dos Tribunais, 2016.

JUSTEN FILHO, M. **O direito das agências reguladoras independentes**. São Paulo: Dialética, 2002.

KLEIN, A. L. A Delegação do exercício do poder de polícia a entidades privadas. In: KLEIN, A. A.; MARQUES NETO, F. de A. **Funções administrativas do Estado**. 2. ed. São Paulo: Revista dos Tribunais, 2019. p. 371-400.

LIMA, M. C. de B. **A educação como direito fundamental**. Rio de Janeiro: Lúmen Júris, 2003.

LIVE ESA NACIONAL – 27/04/2021 – Nova lei de licitações. Disponível em: <https://www.youtube.com/watch?v=dJo8q3iTdj4&t=57s>. Acesso em: 26 ago. 2021.

MARIA SOBRINHO, R. K. de. **Introdução aos aspectos jurídicos da administração pública**. Curitiba: InterSaberes, 2020.

MARIA SOBRINHO, R. K. de. O visconde partido ao meio: a inexorável dupla face do efeito tributário. In: VALLE, M. D. T. do; VALADÃO, A. R. A.; DALLAZEM, D. L. **Ensaios em homenagem ao Professor José Roberto Vieira**: ao mestre e amigo, com carinho... São Paulo: Noeses, 2017. p. 879-900.

MARQUES NETO, F. de A. As parcerias público-privadas no saneamento ambiental. In: SUNDFELD, C. A. **Parcerias público-privadas**. São Paulo: Malheiros, 2005. p. 276-486.

MARQUES NETO, F. de A. Noções gerais sobre o fomento estatal. In: KLEIN, A. A.; MARQUES NETO, F. de A. **Funções administrativas do Estado**. 2. ed. São Paulo: Revista dos Tribunais, 2019a. p. 411-434.

MARQUES NETO, F. de A. Serviço público e suas diferentes acepções. In: KLEIN, A. A.; MARQUES NETO, F. de A. **Funções administrativas do Estado**. 2. ed. São Paulo: Revista dos Tribunais, 2019b. p. 37-231.

MEIRELLES, H. L. **Direito administrativo brasileiro**. 41. ed. São Paulo: Malheiros, 2016.

MELLO, C. A. B. de. **Curso de direito administrativo**. 32. ed. São Paulo: Malheiros, 2015.

MELLO, C. A. B. de. **Serviço público e concessão de serviço público**. São Paulo: Malheiros, 2017.

MODESTO, P. **Reforma do Estado, formas de prestação de serviços ao público e parcerias público-privadas:** demarcando as fronteiras dos conceitos de "serviço público", "serviços de relevância pública" e "serviços de exploração econômica" para as parcerias público-privadas. In: SUNDFELD, C. A. **Parcerias público-privadas.** São Paulo: Malheiros, 2005. p. 433-486.

NOHARA, I. P. **Direito administrativo.** 10. ed. São Paulo: Grupo GEN, 2020.

NUNES, R. **Curso de direito do consumidor.** 13. ed. São Paulo: Saraiva, 2018.

OLIVEIRA, R. C. R. de O. **Curso de direito administrativo.** 8. ed. Rio de Janeiro: Método, 2020.

PARANÁ. Governo do Estado. **Estatuto social da Companhia Paranaense de Energia.** 2021.

PEREIRA, L. C. B. **A reforma do Estado dos anos 90:** lógica e mecanismos de controle. Brasília: Ministério da Administração e Reforma do Estado, 1997.

PRADO, S. O. M. A readequação das funções do Estado Brasileiro. **Boni Juris,** ano 33, n. 668, p. 136-155, 2021.

ROCHA, C. L. A. O princípio da dignidade da pessoa humana e a exclusão social. **Interesse Público,** v. 4, p. 23-48, 1999.

ROLIM, M. J. C. P. **Direito econômico de energia elétrica.** Rio de Janeiro: Forense, 2002.

SARLET, I.; MITIDIERO, D.; MARINONI, L. G. **Curso de direito constitucional.** 10. ed. São Paulo: Saraiva, 2021.

SCHIER, A. da C. R. **Serviço público:** garantia fundamental e cláusula de proibição de retrocesso social. Curitiba: Íthala, 2016.

SILVA, V. A. da. O proporcional e o razoável. **Revista dos Tribunais**, São Paulo, v. 798, p. 23-50, 2002. Disponível em: <https://constituicao.direito.usp.br/wp-content/uploads/2002-RT798-Proporcionalidade.pdf>. Acesso em: 26 ago. 2021.

SINGER, P. Poder, política e educação. **Revista Brasileira de Educação**, n. 1, 1996.

SOUTO, M. J. V. Agências reguladoras. **Revista de Direito Administrativo**, n. 216, p. 125-162, 1999. Disponível em: <http://bibliotecadigital.fgv.br/ojs/index.php/rda/article/view/47359/45378>. Acesso em: 26 ago. 2021.

SOUZA, F. C. D. Educação e dignidade: a libertação como direito. In: ROCHA, C. L. A. (Org.). **O direito à vida digna**. Belo Horizonte: Fórum, 2004. p. 229-243.

SOUZA, R. P. de. A viabilidade jurídica da delegação do serviço público de saneamento básico de município a estado-membro da federação. **L&C**, n. 83, p. 16-17, 2005.

SUNDFELD, C. A. **Serviços de saneamento básico**. In: CONGRESSO PARANAENSE DE DIREITO ADMINISTRATIVO, 7., Curitiba, 2006. [palestra].

TÁCITO, C. Saneamento básico: região metropolitana – competência estadual. **Revista de Direito Administrativo**, n. 222, p. 306-310, 2000.

TOALDO, A. M. **Direito à saúde no município**: fortalecimento do poder local e empoderamento do cidadão. Curitiba: Íthala, 2020.

VITTA, H. G. **Poder de polícia**. São Paulo: Malheiros, 2010.

WALTENBERG, D. O direito da energia elétrica e a ANEEL. In: SUNDFELD, C. A. (Org.). **Direito administrativo econômico**. São Paulo: Malheiros, 2000. p. 352-377.

WEICHERT, M. A. **Saúde e federação na Constituição brasileira**. Rio de Janeiro: Lumem Júris, 2004.

Sobre os autores

Safira Orçatto Merelles do Prado é mestra em Direito do Estado pela Universidade Federal do Paraná (2007) e especialista em Direito Administrativo Aplicado pelo Instituto Romeu Bacellar (2004). Integra o conselho editorial da Revista *Direito do Estado em Debate*, da Procuradoria-Geral do Estado do Paraná, e o conselho editorial da *Revista de Direito Administrativo*, da Fundação Getúlio Vargas (RJ). É professora de Direito Administrativo e Constitucional na graduação em Direito do Centro Universitário Internacional Uninter. Atua como advogada e consultora em Curitiba.

Ricardo Kleine de Maria Sobrinho é mestre em Direito do Estado pela Universidade Federal do Paraná (2006). Nos cursos de Direito das Faculdades Integradas Santa Cruz e da Faculdade OPET, lecionou as disciplinas de Direito Administrativo, Direito Regulatório, Direito Financeiro, Direito Tributário e Direitos Humanos. É membro do Instituto de Direito Tributário do Paraná (IDT-PR). Atualmente, é advogado e consultor em Curitiba.

Os papéis utilizados neste livro, certificados por instituições ambientais competentes, são recicláveis, provenientes de fontes renováveis e, portanto, um meio responsável e natural de informação e conhecimento.

FSC
www.fsc.org
MISTO
Papel produzido a partir de fontes responsáveis
FSC® C103535

Impressão: Reproset
Fevereiro/2023